战略性新兴产业的金融支持体系研究

俞智超◎著

中国商务出版社

·北京·

图书在版编目（CIP）数据

战略性新兴产业的金融支持体系研究 / 俞智超著 .
北京：中国商务出版社，2024.12.--ISBN 978-7
-5103-5544-8

Ⅰ .F269.24

中国国家版本馆 CIP 数据核字第 202538TR21 号

战略性新兴产业的金融支持体系研究

俞智超　著

出版发行：中国商务出版社有限公司

地　　址：北京市东城区安定门外大街东后巷 28 号　　邮　　编：100710

网　　址：http://www.cctpress.com

联系电话：010—64515150（发行部）　010—64212247（总编室）
　　　　　010—64515164（事业部）　010—64248236（印制部）

责任编辑：薛庆林

排　　版：北京盛世达儒文化传媒有限公司

印　　刷：宝蕾元仁浩（天津）印刷有限公司

开　　本：710 毫米 ×1000 毫米　　1/16

印　　张：12.75　　　　　　　　字　　数：200 千字

版　　次：2024 年 12 月第 1 版　　印　　次：2024 年 12 月第 1 次印刷

书　　号：ISBN 978-7-5103-5544-8

定　　价：79.00 元

前　言

当前，全球正处于新一轮技术革命的关键时期，科技正深切地改变全球产业版图，技术变革改变甚至颠覆了传统的产业发展模式，众多传统产业面临着转型升级甚至是被替代的命运，与此同时，一批战略性新兴产业也应运而生。战略性新兴产业作为一种新的产业形态，具有知识技术密集程度高、市场前景好、潜力大、效益高、资源消耗少等特点，对于国民经济发展具有重要意义，因此也成为世界各国竞争的焦点。此外，高投入和高风险也是战略性新兴产业的一项重要特征，因此想要实现其进一步的发展，金融支持是十分必要的。

2008 年，爆发了国际金融危机，严重影响了所有金融和经济相关的企业。这次危机，让人们意识到新兴产业的重要性，只有创新科技，才能使经济得以振兴。各个国家为度过危机，也在积极创新科技，从而重新调整经济结构，促使各国走出这次经济危机，并谋得更好的发展，重新带领国家经济走上正轨。只有走在科技创新的最前端，才能保证战略性新兴产业的快速发展。而战略产业，就是由国家选择出来，并且确定执行的有助于促进经济发展的，能将产业结构调整为高级化的产业。新兴产业则是企业随着时代的步伐，不断进行创新，从而研发出新技术、新产品的一种新型产业。目前，我国通过研究电子科技、信息技术、新能源、新材料等新技术，一些相关的新兴产业部门开始发展起来。由此得出，战略性新兴产业其实就是将战略产业与新兴产业完美地融合在一起，在突破重大创新科技的基础上，以未来产业发展和新科技为目标发展起来的产业。而金融在现代经济中占据核心的位置，战略性新兴产业的发展与金融支持是密不可分的。相关数据表明，在政府的工作报告中，多次提及要对战略性新兴企业发展给予金融支持，这就说明，战略性新兴产业的发展是我国目前产业领域发展的重要决策之一。因此，加大金融对我国战略性新兴产业的支持，是目前重点解决的战略任务。

本书共分为七章。第一章为绪论，系统阐述了选题的背景、意义、相关概念界定及文献综述；第二章从多个角度对战略性新兴产业的特征、发展规律、发展现状、存在的问题及发展条件进行了论述；第三章探索了我国战略性新兴产业的多维发展模式，包括产业集群式发展模式、传统产业转变型发展模式、政府引导型发展模式、微笑曲线发展模式、科技与金融融合发展模式等；第四章分析了我国战略性新兴产业发展的工业基础，并提出了产业发展的政策推进路径和技术升级路径；第五章阐述了金融发展支持战略性新兴产业成长的理论基础；第六章对我国金融支持战略性新兴产业的现状进行了研究；第七章则提出了当前构建战略性新兴产业发展的金融支持体系的对策建议。

在本书编写过程中，参考了众多专家学者的研究成果，在此表示诚挚的感谢！由于时间和精力的限制，本书难免存在疏漏之处，恳请广大读者予以批评指正，以便后期修改完善。

作　者

2024 年 7 月

目　录

第一章

绪　论

第一节　研究背景

科技作为第一生产力，关系着一个国家的兴衰存亡。纵观世界工业化的进程，自从 18 世纪开始第一次工业革命，只用了两百多年，世界上涵盖 10 多亿人口的发达国家就实现了产业现代化。在经历了"生产要素"与"投资"驱动两大发展时期以后，我国的经济发展模式已由资本的不断累积转变为技术的进步和效率的提升。2008 年开始的国际金融危机使世界经济陷入了萧条，经济发展明显减速。在金融危机和经济衰退的双重压力下，世界各国正在进行新一轮的产业和结构重组，一场新的工业革命正在酝酿之中。全球各大经济体都在积极调整自身的发展策略，发展新兴产业，以求在今后的经济和技术领域中占据优势。

在这场突如其来的经济危机面前，中国政府很快推出了"四万亿投资""汽车家电下乡""十大产业"等政策措施，以持续拉动国内需求，实现经济的稳定发展。2010 年，《国务院关于加快培育和发展战略性新兴产业的决定》（国发〔2010〕32 号）中，明确了"高端装备制造""节能环保""生物""信息技术""新材料""能源""汽车"等七个领域是"战略性新兴产业"，并提出"到 2015 年，实现新兴产业增加值在国内生产总值（GDP）中的比重在 8% 以上"。到 2020 年，这一比例提升到了 15%，形成了一批具有较强自主创新能力，特色鲜明的战略性新兴产业集群。到 2030 年，我国战略性新兴行业的总体技术创新能力和产业发展水平将达到国际领先水平。2012 年 5 月 30 日，国务院常务会议召开，审议批准了我国战略性新兴行业"十二五"发展规划，并对此提出了建议。在这份规划中，对七大战略性新兴产业的重点发展方向和主要任务进行了详细的阐述，并着重指出，要推动战略性新兴产业健康、快速发展，要强化自主创新，提高自主发展能力，要充分发挥市场配置资源的调节作用。"十三五"规划中指出，要坚持把战略性新兴产业放在经济和社会发展的重要地位，加快建设新型现代化工业体系，促进我国经济和社会的可持续发展。在 2020 年，国家发布了"十四五"规划，其中明确提出："以把握未来产业发展机遇为导向，大力发展主导产业和支柱产业，促进战略性新兴产业的融合、集群化、生态化发展，使其增加值在国内生产总值中的比例达到 17% 以上。"目前，中国经济发展中经济结构失衡较为严重，要推动经济的可持续发展，使其能够真正地达到内生增长的目的，要通过创新驱动、结构优化等方式来加速发展战略性新兴产业，从而培养出一批新的经济增长点，这是一个国家通过对产业结构进行调整，提升自主创新能力，实现社会经济又好又快发展的一项重大战略措施。战略性新兴产业的成长与发展要经历一个漫长的时期，在这个长期而持续的前期阶段，企业投入高，风险大，因此，必须有一套强大的财税和金融政策作为支持。国家战略性新兴产业发展规划还提出，要充分利用多层次资本市场的融资功能，将社会资金投向处在创业早期、中期阶段的创新型企业，并结合财政优惠政策，鼓励金融机构增加对创新型企业的信贷支持。

战略性新兴行业的培育、发展与升级，是一项综合的系统工程，涉及资金、政策、资源、技术等多个要素。在现代经济发展中，金融是最核心的部分，它是一种可以指导经济资源配置的动力机制，同时，它也已经成为我国战略性新兴产业发展壮大的核心支撑。创新是推动战略性新兴行业演化的根本力量，也是其产生与发展的核心要素，而金融支持是其蓬勃发展的基础。

第二节 研究意义

加快发展战略性新兴产业，培育新的经济增长点，是国家调整产业结构，转变经济增长方式，促进社会和经济高质量发展的重大战略举措。然而，如何使战略性新兴产业更好、更快地发展，还需要对其进行更深层次的思考。金融支持对于一个国家的经济和产业的发展至关重要，如何培养并形成一套行之有效的金融支持体系，已成为世界上许多国家关注的焦点。在此基础上，本项目拟从不同的角度，系统研究不同的金融支持方式对战略性新兴行业的影响，以期为战略性新兴行业的创新发展提供理论依据和实践指导。

金融是支撑和推动经济和社会发展的关键，金融资源的有效分配将对战略性新兴产业创新产生直接的推动作用，而金融部门的运作效率以及金融部门与战略性新兴产业的结合情况，将决定金融部门的运行效率。在此基础上，本课题将系统地梳理和总结中国现有的金融支持政策，并通过实证研究，揭示中国的金融支持政策对战略性新兴产业创新的影响机制，为中国战略性新兴产业创新的金融支持政策提供理论依据和技术支撑，为我国实施创新型国家发展战略提供决策依据。

在金融支持方面，主要有以下几种类型：以银行贷款为主的间接金融支持，以资本市场为主的直接金融支持，以政府补贴为主的政策性金融支持。目前，我国对战略性新兴产业的支持方式和途径虽有不同，但主要是以对企业的直接补贴为主。2010 年 10 月，国家推出"发展战略性新兴工业"计划之后，中央政府就拿出了 1000 亿元左右的资金予以支持，地方政府也提供了将近 1000 亿元的支持，并且在未来，国家在七大战略性新兴产业上的投入有可能达到 10 万亿元。大部分的补助都是直接发放到企业的，例如，三安光电作为 LED 产业的领头羊，在这两年里，当地政府已经拿出了十多亿元的补助。但已有的研究发现，因存在着逆向选择和信息不对称等问题，政府直接资金支持企业创新的作用并不显著。在此基础上，本书提出了促进战略性新兴行业发展的相关对策建议。

第三节　相关概念的界定

一、战略性新兴产业

本书提出的"战略性新兴产业"这一概念来源于《国务院关于加快培育和发展战略性新兴产业的决定》（国发〔2010〕32号），其中明确提出，"战略性新兴产业"是指基于重大技术突破和重大发展需要，具有较大的成长潜力，具有较高的知识、技术密集度，较低的资源消耗，以及较好的综合效益，对经济社会全局和长远发展具有重大引领作用的产业。战略性新兴产业所使用的技术是当前国际科技发展的前沿，也是未来市场发展的趋势。新兴产业指的是那些还没有完全成熟，但有着很大发展潜力的行业，它们还没有形成一种标准化的战略模式，目前在市场中所占的比例也不大，但在将来，其将在市场中占有很重要的位置。

二、产业创新

伴随着社会经济与创新理论的发展，产业创新这一概念也越来越受到学术界和理论界的关注。英国经济学者弗里曼（Freeman）是首个较系统地对工业创新进行研究的人。在他看来，产业创新包含了技术和技能创新、过程创新、管理创新、产品创新和市场创新。他还在产业创新理论的基础上，首次提出了国家创新理论，并指出国家创新的核心是产业创新。由弗里曼对行业创新的界定可知，行业创新是一个系统性的概念。严潮斌首先阐述了产业创新的含义，提出了产业创新包含了产业组织创新和产业结构创新等，其目标是要达到产业可持续发展，它是产业在成长和发展的过程中或者在激烈竞争的情况下，产业内部企业之间主动联合进行的协同创新。张治河秉承熊彼特（Schumpeter）的"工业创新"思想，提出"工业创新"就是将工业本身及其相关工业中的生产要素进行重组，并将其纳入工业发展系统中，从而达到工业应用与工业突破的目的。张耀辉认为，工业创新就是一种新型工业的产生。产业创新能力指的是形成新兴产业的能力，也就是可以满足新的需求，或者可以满足同样的需求，但是可以节约更多资源的产业的形成与普及能力。产业创新不是指局部的创新，而是行业整体的创新。

我们可以发现，从不同的角度对产业创新内涵进行研究，所得出的产业创新定义也有所不同，但主要从以下两个方面来进行讨论。从狭义上讲，产业创新是以企业的技术创新为核心，相关的创新企业进行了各种形式的组合或合作创新，从而实现了产业的突破，并大幅提高了企业的核心竞争力。更广义地说，产业创新是包括政府企业在内的系统性创新，通过对技术创新、管理创新、市场创新、制度创新、组织创新等进行系统集成，培育新兴产业，实现产业技术突破，从而促进产业快速发展的创新活动。陆国庆先生对企业创新做了深入的分析，其对企业创新的界定继承了熊彼特的"创新"思想，认为企业创新是企业"创造性毁灭"的过程，是企业创新活动的一个重要体现。然后，他又结合费里曼的产业创新理念，认为产业创新是企业技术创新、管理创新和市场创新的系统集成。笔者比较认同陆国庆的观点，认为产业创新是指通过技术、产品、市场，或组合等手段，来改变已有的产业结构，或创建新的产业的过程。

三、金融支持

伴随着金融业的发展和壮大，金融对经济增长的支撑和推动作用越来越受到世界各国的重视。金融支持是金融发展的作用机理的概念化，其目的在于通过金融支持推动经济增长。在我国，金融作为一种重要的经济活动，其作用主要表现在提升资源配置的效率、提供中介服务、进行宏观调控等方面。目前，我国对于"金融支持"的定义还没有统一的标准，所以，笔者从政策视角和市场视角出发，对已有的一些看法进行了归纳。

（一）基于政策性的金融支持概念

在调整金融资源分配的过程中，金融资源分配会因为最终分配的不完善和分配的限制而造成失效。在此背景下，应从根本上实现国家对金融市场的有效调节，以及对金融市场的合理分配。政策性融资对我国经济发展具有重要的支撑作用。一方面，政策性金融支持不仅可以弥补商业性金融的缺陷，还可以更好地发挥它的主导功能，对国家政策所支持发展的行业和区域进行资金扶持，可以更好地指导金融资源进行合理分配，从而提升了金融资源的配置效率。另一方面，政策性的融资支持也是一种很好的诱导效应，可以将商业银行和企业引入政府所扶持的产业中，以达到促进产业发展的目的。从政策性的角度来看，金融支持是指为达到一定的经济目的而采取的金融手段，也就是为培育特殊的战略性新兴产业，给予存贷利率等优惠，或者直接给予资金补助。例如，顾海峰认为，金融支持指的是通过政府直接或间接干预，引导商业性或政策性金融机构向符合国家产业发展规划的领域倾斜，从而使金融资源在这一领域得到优先配置。

（二）基于市场性的金融支持概念

在现代市场经济中，市场起着主导作用。金融市场是最主要的资金来源，也是经济增长的核心支撑力量。在金融支持中，商业金融和市场金融起着主导作用。经济的发展离不开一个成熟的金融市场。金融市场在促进实体经济健康有序发展的过程中发挥着重要的作用。从市场性角度来看，金融支持指的是金融市场通过筹集资金，分散风险，提高资产流动性的过程。

金融支持是一种以金融资源为基础，以资本和社会资本为依托的融资方式，对我国的经济发展具有十分重要的意义。从产业层次上看，金融对某一产业的扶持，其实质是政府如何通过调动资金来对特定产业的发展进行支持。本项目通过对金融支持含义的剖析，从宏观角度对金融支持产业和经济发展进行了探讨。在中国特色的社会主义市场经济体制下，我国的战略性新兴产业不仅依赖于市场，还依赖于国家对其进行有效的管理。所以，在产业经济发展的过程中，市场化金融支持起到了基础的支持作用，政策性金融支持在引导作用方面更为突出。

第四节　文献综述

一、战略性新兴产业创新的研究综述

自熊彼特创新理论诞生以来，对创新的探讨就成为经济学研究的热点领域之一。创新的理论与实践在世界范围内取得了巨大成果，如国家创新体系、区域创新体系以及部门、产业、企业创新体系的构建越来越受到关注。美籍奥地利经济学家熊彼特认为创新是一个内生因素，包括技术性变化的创新和非技术性变化的组织创新，创新的本质是"产业突变"或"创造性破坏"，而"创造性破坏"是经济增长的根本动力。谢勒尔（F.M.Scherer，1965）对 500 家大企业的创新情况进行实证研究，发现专利发明（创新）与企业规模并不成正比例关系。他还研究了市场结构对创新绩效的影响，发现在新兴市场形成的初期，竞争比垄断更能推动创新的步伐。肯尼斯·约斯夫·阿罗（K.J.Arrow，1970）比较了完全垄断市场和完全竞争市场对创新的影响，发现完全竞争比完全垄断更有利于创新。他比较了美国 34 个创新最多的行业中大小企业创新成果，发现中小企业创新在 14 个行业占优，其余的 20 个行业大企业占优。而在一些新兴行业（如计算机行业）中，中小企业创新表现远远超过大型企业；他还进一步对企业规模、企业 R&D（Research and Development，研发）投入以及创新数量的相关性做了研究，发现企业规模与企业 R&D 支出成正比。邓可斌、丁重（2010）运用上市公司面板数据，证实了中国缺乏创新能力的原因在于：大型企业是我国创新的主导，但大企业创新效率低下；虽然中小企业的创新效率高，却因创新资金不足而无法成为创新的主导力量。因而，减少对大企业集团的政策与制度倾斜，加强对中小企业创新的扶持力度，是解决我国创新能力不足问题的关键。孙杨、许承明等（2009）研究了我国 R&D 投入渠道的差异对科技创新水平的影响。实证结果表明 R&D 的支出、企业自主筹资以及政府资助等均对科技创新有积极的影响，但是不同的资金投入渠道对科技创新具有不同的作用。

英国经济学者弗里曼（Freeman）将产业创新视为一种系统的概念，并将其置于国家创新体系的核心地位。产业创新是企业通过技术、产品、市场、组合等手段，对已有的产业结构进行改造，或对新的产业进行创新。陆国庆通过引入创新溢出效应、创新产出、创新投资以及行业效应，发现中小企业的创新绩效与创新投入、创新产出正相关，但与政府对中小企业的支持程度不成正比，且与企业价值、创新人力资本投入、企业年龄成负比。

加速发展战略性新兴产业，培养新的经济增长点，是国家对产业结构进行优化，实现经济增长方式的转型升级，实现经济高质量快速发展的重要战略。在战略性新兴产业中，以"创新"为基础的企业创新体系的建立，已经引起了国内外学者的广泛关注。根据这个计划，未来 10 年，我们国家的战略新兴产业平均增速将在 22.5% ~ 31.5%。若能达到这一目标，将是中国产业格局的一次重要转变。然而，要实现这一目标谈何容易，并且战略性新兴产业具有高风险、高技术门槛、创新的体系化和公共物品化等特征，因此，构建战略性新兴产业的金融支持体系显得十分必要和紧迫。

战略性新兴行业的发展是一个复杂的系统工程，其成功与否，离不开技术、管理和金融体系的支持。任何一种创新的缺失和落后，都会影响到整个行业的发展。根据产业创新的特点，构建有效的金融支持体系是必然的选择。因为新兴产业的风险性很高，政府的金融支持有效地降低了产业创新的风险。战略性新兴行业具有较高的技术门槛，因此，建立产业创新联盟是实现战略性新兴行业技术创新的有效途径。金融支持是克服产业创新溢出效应的最优机制；陆国庆在调研分析和实证检验的基础上，得出了战略性新兴产业类上市公司比非战略性新兴产业类上市公司具有更高的盈利能力，并且在战略性新兴产业中上市公司的风险也比非战略性新兴产业高的结论，这与战略性新兴产业高风险高回报的特点是一致的。肖兴志和谢理运用 SFA 模型对我国战略性新兴产业创新效率进行了测度，结果表明：单一的技术因素在长期内会对企业的创新能力产生负面影响，而自主创新能显著提升战略性新兴产业创新效率。我国战略性新兴产业的创新效率总体不高，政府的政策支持对创新效率有显著的影响，尤其是在战略性新兴产业刚刚起步的阶段。

二、金融发展与产业创新的研究综述

金融与经济增长和产业发展之间的关系一直以来都是经济理论界关注的焦点。由于人们对于货币、金融的性质、功能，以及货币、金融在产业发展过程中的地位、作用等认识的不一致，对货币、金融的理解也在不断地发展、深化。早在重商主义瓦解之前，苏格兰经济学者约翰·罗（John Law）就曾对金融在一个国家的经济发展中所起的积极作用作过阐述。亚当·斯密（Adam Smith）在他的《国民财富的性质和原因的研究》中指出，谨慎的银行业活动可以提高一个国家的产出，但是银行业提高产出的途径并不在于资本总量的增加，而在于使不产生利润的资本产生利润，使产生利润较少的资本增加利润，从而充分肯定银行业在经济发展中的作用。而熊彼特则从长期的角度分析了货币金融对产业与经济发展的影响，认为银行有信用创造能力，银行信贷服务于产业发展，是经济发展的推动力，其具体功能是促进创新。银行通过信贷与信贷创造，对生产要素进行重新配置与组合，为创业者提供创新所需的资金条件，是创业者实现创新的必要条件。特别是在经济起步阶段，更不能忽视银行信贷的作用。

1934 年，熊彼特（Schnmpeter）首次对金融对产业创新的影响进行了研究，并认为技术创新常常受到资金供给的限制，此后，熊彼特对企业技术创新进行了多角度的研究，其中，创新的效率和融资支持问题逐渐成为学术界关注的焦点。希克斯（Hicks）认为，在工业革命之前，金融革命是不可避免的。在深入研究金融市场效率和技术创新关系的基础上，他发现出现工业革命的先决条件不是新技术，而是使新技术得以广泛运用的资本，而新技术的广泛运用常常需要大量的、长期的和持续的资金注入。工业革命之所以只在英国发生，也是因为英国的金融制度改革导致了英国金融业的迅速发展。约翰·拉波波特（John Rapoport）通过对医药行业产品创新活动的调查分析和实证检验，发现 90% 的企业创新活动都有 2 ~ 4 种不同的资金来源，而在这些资金中，有 75% 的企业创新资金来自自有资金；企业创新的资金有 50% 的来自国外；另外 40% 的企业创新资金来自股权融资，例如出售一部分股份或者发行证券等。

刘世锦是一位较早关注金融与产业发展的学者，他认为金融改革与创新的重点在于推动产业升级与优化。伍海华和张旭对金融业发展、经济增长和产业结构的关系进行了探讨，并对金融业对产业结构影响的内在机理进行了分析，提出了金融业对产业结构调整的政策选择。傅艳梅认为，我国商业银行应加快金融产品和金融服务创新，并为行业的迅速发展提供金融支持。傅进还论述了金融结构和产业结构变化之间的关系，以及金融对产业结构调整和升级的支持。张玉喜深入系统地研究了我国产业政策的金融支持机理、体系和政策，并对金融支持产业政策的理论依据和作用机理进行了分析，构建了我国产业政策的金融支持体系，并提出了相应的政策建议。

国内学者对金融体系、金融机制在产业发展中所发挥的重要作用，对金融与产业结构转换以及具体产业发展的作用机制进行了大胆的探索，并根据我国产业发展与金融体系的实际情况，给出了具有一定理论价值和实践意义的指导建议。但是，现有的关于金融支持产业发展的理论大多是经验性的，缺少从经济增长角度（规模、结构和效率）对其影响机理的系统分析。现有的研究，或者是侧重于金融的总量，或者是侧重于金融的结构，只是从某个角度来探讨金融的发展对于产业发展的作用，却没有考虑到金融发展与产业发展的关系，因而在金融支持产业发展的机理、金融支持战略性新兴产业的产业创新的综合评估等问题上应进行深入探讨。

三、战略性新兴产业创新的金融支持的研究综述

已有文献对战略新兴产业创新的金融支持问题进行的研究，主要集中在金融支持对于产业创新的重要性，以及金融支持途径的探索上。在经济转型背景下，培育和发展战略性新兴产业已成为国家关注的焦点。丁勇以浙江为例，阐述了资本市场对经济增长的重要作用，并对金融改革如何支持经济结构转型进行了探讨。范小雷从产融结合的视角，对金融支持体系和产业创新的制度环境建设进行了探讨。段一群等人构建了一个固定效应模型，分析了直接和间接融资渠道对装备制造业增长的影响，结果表明，产业融资过度集中于银行，我国急需建立高效率的金融体系，以满足产业创新和发展的需要。张亮认为，资金短缺是制约新

能源产业发展的根本原因，应加快金融体制改革，为新能源产业及其他战略性新兴产业提供强有力的金融支持，促进其发展。郑婧渊认为，金融支持战略性新兴行业的核心在于资本与技术的有效结合，而技术创新既需要大量的资本投入与积累，也需要政策支持。顾海峰对产业结构合理化演化过程中的金融支持机制进行了分析，认为金融支持主要有两种：一种是以银行信贷为主的间接融资支持，另一种是以资本市场为主的直接融资支持。刘力昌和冯根福的实证研究表明，我国上市公司股权融资效率低下，七成的企业股权融资效率达不到技术和规模的双重提升。

目前，国内外学者对于战略新兴产业的金融支持问题进行了较为系统的研究，并且已有的文献大多只关注某一种类型的金融支持方式（如研发投入、政府补贴和股权融资）与企业创新成果的相关关系，忽视了多种金融支持对于企业创新成果的作用，专门针对中国企业的金融支持问题也鲜有深入的探讨。然而，在现实生活中，由于参与主体所关心的利益不同，各种形式的金融支持所能起到的促进作用也不相同。而弗里曼（Freeman）通过对大量企业创新成功的案例的分析，也认为有效的研发开支需要一个强有力的金融系统来为其提供资金，而科技创新的发展也离不开与外界的紧密联系和强大的消费品市场的支撑。本项目正是在总结已有文献的基础上，对中国战略新兴产业的金融支持问题进行了较为全面和深入的探讨。

第二章

我国战略性新兴产业发展多维认知分析

第一节 战略性新兴产业的特征及发展规律

一、战略性新兴产业概念的界定

为了应对全球经济危机，建立后危机时代的国家竞争优势，我国政府提出要加快发展战略性新兴产业。战略性新兴产业得到了各地政府的积极响应，但在快速发展的过程中，也面临着许多挑战，其中之一就是缺乏理论指导。概念模糊和界定不清将会深刻影响决策者的决策，往往造成"短视"，失去决胜千里的作用。"战"，一般是指战争，首战、决战和胜战，有主动、兴起、进攻之意；"略"是指谋略，是各种策略的总和。到了近代，"战略"一词已扩展到政治学、经济学等领域，含义已演变为统领全局，能决定战争胜负的策略、方案和对策。"一步错，满盘皆输。"对于政治家、经济学者、军事学者和外交家来说，正确地制定战略和决策是克敌制胜的法宝。

正确的战略决策将决定某一产业的未来。20世纪80年代初期，我国汽车工业的发展仍然处在较低水平，为提高人们生活水平，必须加速汽车工业的发展，一种意见认为，应以"市场换技术"的跨越式发展，大开国门进行深强度的国际贸易开放，大量引进技术、引进生产和管理模式；另一种意见认为，"自行发展，自主经营"式的发展能保护中国幼稚的汽车工业，并能更好地保护国内市场。两种意见是对立的，当时的争论是激烈的。决策者最后做出"以市场换技术，合作、合资经营"的战略决策，最终使中国的汽车工业迅猛发展，在短期内接近世界先进水平，一跃成为汽车大国。如按照"自行发展、自主经营"的模式发展，中国的汽车工业势必仍在艰难中爬行。正确的战略决策具有前瞻性、全局性和革命性，失败的决策更具毁灭性。

"新"与"旧"概念相反，是对"旧"的东西进行变革。对于一种产品而言，是指新颖、新创、新出、新产；对一个产业而言，是指更新、革新、创新，还包括保持新的时间长度。其"新"的概念具有三维性：相对性、程度性、保持性。如果对"新"的概念有科学的认识和把握，对于产品设计、检验方法、政策鼓励制度都有正确的取向，整个国家和社会的认知程度也会提高。

如此强调"新"是因为其在涉及国家大战略的决策中具有突出的地位。中国工业发展史上，由于对"新"的内涵没有正确认识，造成国家重大失误，甚至走入歧途的情况也不少。

比如，中国确定电视制式方面的决策失误，就在于缺少了程度性和保持性。中国在确定电视制式之前，世界上主要使用的电视广播制式有 PAL、NTSC、SECAM 三种，日本、韩国及东南亚地区与欧美等国家使用 NTSC 制式，俄罗斯使用 SECAM 制式。但中国采用了 PAL 制式。为什么这样做呢？当时考虑到中国落后的国情，认为中国会在很长时间内用不起大屏幕电视。PAL 制式是隔行扫描的，在清晰度上明显低于 NTSC 制式，但是在画面小的时候，就无关紧要。虽然 NTSC 制式也有缺点，比如色偏的问题，但是优点却是明显的，PAL 制相比 NTSC 制，电视接收机结构更复杂，多了一行延迟线电路，而且图像容易出现彩色闪烁。即中国选择了一种既浪费制造材料又效果不好的路线了，但当时的决策部门却认为自己做得很科学、很有战略性。这件事情的后遗症到现在都难以消除，比如影响出口等，如果推倒重来，就要浪费大量投入，但继续使用就很别扭，只好将就用。"将就用"几乎使中国错过了近代史上的技术革命。

所以，"新"字关乎产业战略，"新"的内涵如何，决定战略的程度。如果界定错了，就是失败的开始。因此，"新"字不是花样翻新，不是瞎折腾，"新"字具有科学的内涵。无论是科研工作者，还是政策制定者、监督执行者，都必须对"新"字科学的含义秉持一种诚实的、认真的、科学的态度，新兴产业必须从制造、制度支持、行业检验各个方面严格要求，才能使战略的优胜性得到保障，否则，必然留下无穷的隐患。

"兴"与"灭"为对应词，在新兴产业这个特定范畴中，是针对那些即将淘汰、消亡的产业，应该及早改变的产品乃至产业。定位新兴的产品、产业，首先要把握的是科技水平，其次是做好竞争准备，提高竞争力。新兴产业就那么几种，在市场经济条件下，科技无国界，市场却是有限的，经济学原理和实践证明，凡是新兴的产业必定会出现大家同挤一条船的现象，没有全面的准备和充足的条件，即使有了高科技，也不一定能得到发展，这就是大战略里边的具体战役，正所谓"战略上要藐视他们，战术上要重视他们"，所以这个"兴"仍然是科学的概念和认知。"兴"必须具备三个条件：技术能力、经营策略、实现完美。具备了三个条件，才能使具有新兴科技特征的产品和行业真正兴旺发展起来，否则，即使穿上新兴产业的华丽外装，没有新兴产业的实力，也会很快被同行打败，迟早会退出竞争舞台。

通过以上综合、归纳与分析，我们在当前众多穷尽式、列举式的诸多著作与资料中，从个案特殊性真理中，归纳出新兴产业的普遍性原理，并将这些普遍性原理，做成详细的检验标准，以此来分析我国新兴产业战略，这样的分析方法才具有普遍的科学性。

求新，求兴，新与兴的结合，新与兴的融合，充满辩证性；战略性产业与新兴产业的深度融合，也充满历史性，战略性新兴产业的诞生自然也具有历史性。战略性新兴产业是由金融危机催生的，战略性新兴行业的发展，归根结底是经济发展的结果。

一些专家、学者及政府相关人士对战略性新兴产业做出了解释，通俗地认为，新兴产业指的是市场上还没有形成规模的高新技术产业，而战略产业则指的是不可或缺的支柱和核心产业，这两个产业共同被称为战略性新兴产业。它们与国民经济社会发展和产业结构优化升级密切相关，具有战略性、长远性、导向性、动态性以及带动性特征。

综上，战略性新兴产业是基于重大技术突破和重大发展需求，对经济社会全局和长远发展具有重大引领带动作用，知识技术密集、物质资源消耗少、成长潜力大、综合效益好的产业。

我们将专家、学者、政府部门对战略性新兴产业的基本特征、发展规律、内涵的认识进行了整合，并对其进行了研究，提出了新的观点。它不仅要有重大技术突破、科技创新，而且要发展成新兴产业；它既代表了当今世界科技创新的前沿方向，也代表了产业发展的重要方向，并可以成为未来经济社会发展中具有战略性、先导性和支柱性的产业。

二、战略性新兴产业的基本特征

（一）战略性新兴产业的宏观特征

战略性新兴产业是我国国民经济的重大战略产业，其兴衰对一国或区域经济发展及产业安全有着举足轻重的作用，它是新兴技术与新兴产业相结合、技术含量高、产业关联度高、市场空间大、节能减排能力强的朝阳产业，它不仅体现了科技创新的方向，更体现了产业发展的趋势。其特征具有广泛的宏观性，主要表现在以下几个方面。

1.战略性

战略性指的是在经济、社会发展中占有重要地位，可以对经济社会发展产生重大影响，有利于推动经济结构调整和发展方式转变，并可以有效解决可持续发展面临的制约因素，为经济社会长期发展提供必要的技术基础，在一些重要的竞争性领域可以保持产业技术的领先地位，同时，也具有战略的不确定性。因为它是一个新的行业，没有一个标准的战略模型，并且，企业不知道客户的特性，竞争对手的特性，因此，大部分企业都没有一个成熟的战略模型，他们的战略都是通过实践来验证的；与传统产业相比，战略性新兴行业的发展水平还不够成熟，还存在着很多的不确定因素。

2. 全局性

战略性新兴产业拥有巨大的战略价值，同时也是科学研究的前沿，极具产业带动效应。由于其代表着经济发展的方向，与国防安全联系密切，新兴产业不仅对一个国家或地区科技进步、战略性产业发展、综合竞争力提升具有重要促进作用，更直接关系到经济社会发展全局乃至国家安全。

3. 创新性

战略性新兴产业基于社会经济重大发展需求，其本质特征是重大技术突破，因而对经济社会全局和长远发展具有重大的引领带动作用。一方面，在科技、产品、工艺和市场等领域，将对我国的战略新兴企业起到巨大的推动作用；另一方面，战略性新兴行业的发展，为各类科技成果的深层次应用与产业化奠定了坚实的基础。新兴产业是新技术产业化发展较快的行业，它具有较高的研发投资，能够带来行业与企业的创新，同时也具有较高的劳动生产率；战略性新兴产业拥有很高的科技准入门槛，拥有技术专利的企业只是其中的一小部分，而且随着时间的流逝，它们拥有很大的市场需求，这使这个产业拥有很强的独立性和较高的利润空间。

4. 先导性

先导性表明了技术与产业发展的新趋势，是一个国家或地区在经济、产业与技术方面的先导力量。它的成长和发展具有颠覆性、革命性，而不是渐进式的。这是由重大产业技术创新所具有的颠覆性、革命性特征所决定的。一系列或大或小的产业技术变革的积累，最终将酝酿重大的产业技术突破，比如信息技术革命，与早期的工业革命存在本质区别。技术革命又将直接催生产业领域的巨大变革，从而掀起产业革命。如当前世界范围内的物联网产业、生物医药产业等，都具有显著的先导性。

5. 风险性

新兴行业的开拓性特点决定了它在内涵和形式上都缺乏可供借鉴的经验，需要企业自己去摸索；同时，因为新兴行业的"边缘化"特性，使得影响项目成功与失败的因素大大增加；支持新兴产业发展的政策制度还不健全，新的内容与旧的制度、旧的规范经常发生冲突，使新兴产业的发展面临着巨大的风险。技术更新换代快，存在较高风险，如果一味追求发展规模或速度，很容易使其陷入"技术陷阱"。

6. 产业带动性

战略性新兴产业不仅自身拥有强大的发展优势，拥有巨大的市场需求潜力，还拥有较强的产业成长性，比全部行业的平均增速要高，总体上呈现出一种非线性发展的状态，还拥有与其他产业的关联度高、渗透力强、辐射面广的特点，对传统产业的影响和改造效果也比较明显，还可以与其他产业进行相互促进、相互渗透，促进相关产业的共同发展。

7. 导向性

对战略性新兴产业的选择，发挥着一定的信号作用，它可以反映出政府的政策取向，也可以作为未来经济发展重心的风向标，同时也是引导人才集聚、资金投放、技术研发和产业政策制定的重要依据。而战略性新兴产业的出现，又是由于其发生了重大的技术创新，或者是消费需求发生了巨大的变化，所以对资金投入、人才集聚、技术研发、政策制定等都会有很大的影响，对经济和社会的发展有着重要的战略意义。

8. 倍增性

战略性新兴产业一旦形成，就会迅速发展，在产业规模和经济贡献上，将会发挥出巨大作用，使市场规模和经济总量呈几何倍数增长，从而促进经济社会的迅速发展。这主要体现在新兴产业中的龙头企业，通过整合国际上的高端要素，在短时间内快速崛起，成为一国与一地区经济发展的重要支撑力。以谷歌为例，成立不到六年，它就已经成为全球 500 强企业之一。

9. 辐射性

辐射性也可以称作关联性，也就是说，战略性新兴产业的发展将会带动其他产业的发展，从而形成产业发展的协同效应。它的特点是，产业链很长，对上下游产业的关联程度很高，可以对其相关产业的发展起到很大的推动作用。战略性新兴产业是一种技术的跨界融合，可以带动相关产业的发展。从产业发展的实际

战略性新兴产业的金融支持体系研究

情况来看，战略性新兴产业通常都是产业交叉的结果。例如，发展战略性新兴产业离不开传统产业，而传统产业并不等于落后产业，它也是发展新兴产业的基础。所以，它的发展不可避免地会牵涉到多个行业，并且要求所有相关行业对它提供多方面的保障。

10. 低碳环保性

随着全球变暖和气候变化的加剧，产生了低碳经济。我国一直在大力倡导资源节约和环境友好型社会建设，低碳、环保已经成为我国战略性新兴产业发展关注的焦点和核心。低碳环保之所以为战略性新兴产业的特点之一，一方面因为对人类生存环境面临的巨大压力；另一方面，目前，发展低碳和环境友好型的战略性新兴产业的经济和技术条件已基本成熟。所以，未来低碳、绿色、环保的战略性新兴产业，将成为我国经济发展的主导力量。

11. 可持续性

要想发展战略性新兴产业，就必须有企业对其进行持续的研究与投资，这就注定了战略性新兴产业的发展是一种可持续的发展，它可以在较长的时间里，带动整个经济社会的持续发展。战略性新兴行业的可持续发展能力极其最重要，没有可持续发展能力，就谈不上是战略性产业。当前，国际上大多数的战略性新兴产业都还处在发展初期，掌握着关键的核心技术的国家将占据主导地位。其实，核心技术是有钱都买不到的，这一点我们国家已经吸取了教训。所以，对于中国而言，要加速培育和发展战略性新兴产业，就必须强调自主创新，加速建立一个以企业为主体不断进行研发、投入，以市场为导向、以政府为主导、以科研为主要手段产学研为密切联系的技术创新系统，创建创新型产业为战略目标、以可持续发展为战略方向，以争取经济、科技的制高点为战略重心，建立一大批具有较强国际经营能力的龙头企业，以一大批战略性新兴产业集群为核心，这样就可以在国际上与先进国家竞争中立于不败之地。

12. 阶段性

战略性新兴行业的发展并非一成不变的，而是伴随着经济与社会的发展而产生、发展与消亡。换言之，战略性新兴行业也有其循环规律，它会随着社会经

18

济、技术及发展方式的变化，持续地演化并提升，任何战略性新兴产业都仅仅是某一阶段的产品。随着一个国家或地区科学技术的不断进步和经济社会的发展，其战略性新兴产业的内容及重点也会发生相应的调整。

（二）战略性新兴产业的严格特征和宽泛特征

战略性新兴产业的主要特征有严格和宽泛之分。严格特征是从产品的革命性本质来定义的；宽泛特征是由一切具有先进性的方法、技术、管理模式来定义的。

1. 战略性新兴产业的严格特征

最理想的"战略性新兴产业"是从产品的革命性本质来定义的。战略性新兴产业的特征，是指那些具有革命性、原创性、颠覆性的新的发明和创造产生并形成新产业之后，彻底地覆盖、替代和剔除了原来同类产业。这里特别强调的是发明创造其从来没有像今天这样被世界各国所广泛关注和重视。随着知识产权对当今世界科技发展的作用日益突出，知识产权也逐渐成为人类生存和发展的基础。世界各国已经意识到，在今后的世界范围内，各国之间的竞争，本质上就是经济的竞争，而经济的竞争又是科技的竞争，科技的竞争最终又是知识产权的竞争。在最近几年里，知识产权已经不仅仅是一个科技问题，而是一个经济问题，甚至是一个重要的政治问题和国际问题，它所引起的专利战争和专利战略问题，都被打上了一个大大的标签，那就是提高一个国家的竞争力，促进一个国家的崛起。专利是一种智慧财产。从狭义上讲，知识产权包括三大类：版权、专利和商标权。知识产权制度是一种对技术创新活动，从发明创造的构思，到研究、开发、实现产业化、走向市场，起到激励、信息传播和市场保护作用的制度。

目前，国际上对专利的审批有两套制度：一是登记制度，又称形式审查制度。二是通过文献报告的方式。在该制度中，专利局对专利申请进行形式和实质两方面的审查，也就是对所申请的专利的新颖性、独创性和实用性进行审查。专利申请必须满足形式与实质两个要求，才能被授予专利权。目前，世界上绝大多数的国家都采取了审查制度。两种衡量方法的基本原则是"实用性、新颖性、创造性"，包括了创造性发明和实用新型。世界科学技术史上具有创造性的技术，往往能够引领一个产业发展很多年，甚至数百年，而实用新型则有长有短，短的几年，也可能达到数十年，因为实用新型可以不断改进，都能获得专利保护。比如，导弹、物理核反应堆、交流电、蒸汽机都属于革命性、原创性、颠覆性的发明创造，人类到现在还在应用它；至于在此基础上，不断地创造出实用新型，则不能阻止其他实用新型的应用。再如，中国在技术封锁的条件下，创造出实用的反应堆、助推火箭、新的电压等级、新的交流发电机，不仅满足了自己使用而且可以出口，但是别人也可以依靠基本发明制造出不同技术的同类产品，在世界市场上占有很大地位。没有原创性的发明创造就不能通过法律约束别人生产，要想在竞争中取胜，还得具有质量、价格方面的优势。

2.战略性新兴产业的宽泛特征

宽泛特征就是把那些在某一阶段具有领先性的产业也列入战略性新兴产业。过多的限制会使很多产业不能成为战略性新兴产业，对经济社会发展不利。例如，中国的 DVD、电视机等产品，现在发展得很好，耐用、价格低廉、解码器多，但是在国内可以销售，出口就会受到限制。其他行业也有这问题，如汽车、机床等，因而需要技术支持，要在生产中进行创新、突破。在同类产品中以质量和知名度取胜的产品产业中，军工产品行业尤为突出，比如潜艇的质量，其决定因素之一是对螺旋桨推进器的改造，由日本东芝公司的数控机床车出来的螺旋桨，噪声大幅度降低，会使一系列针对潜艇的探测失效，而要想提高侦测能力，势必需要改变侦测设备性能，即对现有侦测设备进行革新，淘汰不适应的侦测设备。而技术拥有方为了避免创新带来的革命，还会极力阻挠。最早的巴统协议就是限制高端设备流向中国这样的第三世界国家的。

（三）战略性新兴行业的现代化特征

战略性新兴行业的外部特征还体现在知识技术密集、人才密集、信息密集、物质资源消耗少、成长潜力大、综合效益好等方面。战略性新兴行业是我国经济转型升级的一项重大举措。战略性新兴行业是与传统产业相比较而言的产业，其发展模式也与传统产业有所不同。从现代产业发展的方向来看，其具有如下几个新特征。

1. 核心技术创新驱动

核心技术（Core Technology）是指以科学理论为依据，确定了技术路线后，可以支持产品实现的关键技术和工艺。其中，核心技术既为企业提供了一个平台，也为其提供了一个重要的支撑。而产品平台则是将大量的核心技术整合在一起，实现其最终的价值。战略性新兴产业的发展，既需要在关键核心技术上取得重大突破，又需要在核心技术上进行深度应用与产业化。从理论上讲，战略性新兴产业应该是处于高新技术产业的顶端或前沿，具有知识密集、技术密集和资本密集的特点，并且在生产核心技术上有革命性的突破。从历史上看，我们国家的"两弹一星"、载人航天和杂交水稻等重大工程的成功，都离不开核心技术的自主创新。战略性新兴行业的发展，既离不开自身的核心技术，也离不开其产业技术体系。从战略的角度来看，如果在很长一段时间内，我们的核心技术都被别人所控制，未形成我们自己的技术优势，那么，我们的国家安全必然会受到威胁。

2. 技术创新集成化

技术创新集成包括全球技术创新集成、技术联盟创新集成和企业商业模式创新集成三个方面。战略性新兴产业不同于传统产业的简单技术合作，它更多的是向产业技术的战略联盟方向发展，通过跨产业、跨行业、跨企业的高密度合作，来攻克关键核心技术的壁垒，甚至在一个产品的一个元器件上，都有可能集中十几个甚至几十个专利，从而形成"专利蓄水池"，满足产品超高技术的需求。例如，近年来，美国、日本、韩国等国家的许多大型的跨国企业，都设立了地区总部，并与大学、研究机构、企业结成技术同盟，以促进信息科技、新能源、新材料、生物工程等的发展。比如中国、美国、德国、日本等国家，都对太阳能发电、新能源汽车等技术进行了创新，并对技术成果进行了推广。这些技术成果，可以在不同国家之间，形成一种优势互补的技术创新体系。战略性新兴行业是以实现资源的高效整合为目标的。战略性新兴产业的资源集成与传统产业中的物品的整合不同，它是以信息集成为特点的技术集成和功能集成。这样的集成可以让产业的发展方式变得更加合理，从而提升对外部变化的动态响应速度，以达成整体目标。这不仅注重对人、财、物、信息、知识等各种资源中的单一元素的最优利用，还需要采取一定的方式进行协调，构建出一个合理的系统模型，将各元素的表现反馈给系统，并以系统的总体目标来对其进行度量，同时还需要按照不同的任务实现各种元素的集成化应用。

3. 生产制造智能化

伴随着信息技术的不断发展，战略性新兴产业的生产方式也发生了革命性的改变。这些改变最重要的一个标志就是，数字技术让生产制造变得更加智能化。利用信息采集、传输、处理、执行能力进行的生产，主要解决的是人的大脑的延伸问题，这是一场人类智力劳动的革命，它可以大幅度地节约人力、物力、财力等，让生产力得到大解放、大发展。传统产业所能达到的最高水平是当前的初级信息基础之上的自动化，而基于战略性新兴产业的智能化的生产将构成社会的信息化。

智能制造体系在高端制造业中的应用，也是战略性新兴行业的一大特征。这是一种由智能机器和人工专家构成的人机一体化智能系统，在生产制造过程中，可以以极高的灵活性和极低的成本，模仿人的智能，进行收集、归纳、分析、推理、判断、决策等工作，因此，可以在生产制造过程中代替人进行部分智力劳动，并对人的智能进行存储、完善、共享、集成和发展。智能制造拥有自组织能力、自律能力、自学习能力和自维护能力，在整个制造环境中，智能还能够继承，持续推动智能化生产。

4. 能源发展绿色化

新能源产业的发展，必将成为我国战略性新兴产业和全球可持续发展的新的领头羊。在国际金融危机的背景下，新能源是世界上最重要的经济增长方式之一。美国在金融危机、经济衰退、财政赤字激增等重重困难下，仍将能源行业的转型与发展作为恢复经济的中心，并采取了大量的支持措施：一是对新能源发电公司进行补贴，实现新能源发电规模翻一番；二是对那些利用新能源的人进行补贴，鼓励他们利用新能源，提高能效；三是大力投资开发新一代能源及能源基础设施；四是控制矿物资源的利用，降低温室气体的排放量，支持可再生资源的开发利用；五是对新能源教育、科技和研究领域的扶持，使其发挥出长远的作用。随着新能源的开发，全球各行业都有了新的发展契机。新能源的发展可以促进科技的发展，其成果的产业化，也可以吸引大量的资金。但需要注意的是，新能源系统的生产、安装、运行和维护，都需要大量的人工投入，因此，新能源产业既可以吸纳大量的资金，也可以提供大量的工作岗位，它的经济增长潜力是不可估量的。

5. 资源利用循环化

传统的产业模式，资源利用效率低下，转化为产物的数量少，废物和产物的比例极不合理，高消耗使很多传统产业的衰败速度加快。战略性新兴产业的生产，将从传统的"资源—产品—废品"的简单直线生产方式，转变为"资源—产品—再生资源"的循环经济模式，该模式涉及研发、制造、物流、营销、可再生资源回收等产业的整个过程。资源的再利用，废料的资源化和废品的再制造，都是工厂的主要生产环节。

利用生物工程技术发展战略性新兴行业，是实现资源循环利用的重要途径。随着生物技术的发展，它将成为每一个行业长期运营的一部分，其自身也会实现几何倍数增长，并且衍生出很多的新兴产业。生物工程与仿生制造模式的技术产业，其实质就是将大自然中最神秘的、高效率的生产方式，移植到各个行业之中，用生物工厂代替机械生产，从而从根本上改变传统产业的生产模式，大大提升各个行业的生产效率，将经济增长与环境保护结合在一起，实现产业发展与环境友好的和谐共存。

6. 进口替代市场导向化

在我国改革开放的进程中，逐步形成了出口导向型发展战略逐步形成。从理论上讲，通过引进外资、赚取外汇等途径，可以充分利用本国的比较优势，引进所需的技术、装备。事实表明，"以出口为主导"的发展战略在历史上曾经取得过很好的成效，并对中国的经济在很长一段时间内的平稳增长作出了很大的贡献。随着时间的推移，我们的资本已相当充裕，尤其是我们的外汇储备位居全球之首，而我们的人口红利几乎耗尽，环境承受能力也已接近极限，这就说明，出口导向的经济，不管是在历史上，还是在逻辑上，都已丧失了它的合理性。更重要的是，在"市场换技术"的指导方针下，我们用极其稀缺的国内市场资源换取的仅仅是国外的二三流技术，而不是真正的先进、关键与核心技术。再加上我们没有做好消化、吸收和再创新的准备，造成了我们对国外关键核心技术的长期依赖，从而使我们在国际分工体系中处于较低的位置。结果显示，外商直接投资对我国的经济发展与技术进步并无明显的促进作用。与此形成鲜明对比的是，有些国家在封闭的市场环境中，通过对本国工业的保护，实现了经济的复兴。在很长一段时间内，我们对出口导向的经济产生了"路径依赖"。但是，国际金融危机又一次显示：出口依赖度越高，其经济增长的波动性就越大。所以，我们不能仅仅依靠扩大出口来实现经济的平稳增长。

从以上论述可以看出，企业寻求技术进步的根本动力，就是要争取市场，扩大国内需求。要发展战略性新兴行业，就必须回归以市场为导向的进口替代战略。在当今经济全球化和贸易自由化的背景下，很可能会因为使用关税壁垒等贸易保护措施而遭受指责。所以，对于具有核心技术的国外最终产品，可以采取非关税壁垒（例如，技术性贸易壁垒、外汇管制等）。在我国的战略性新兴产业中，在融资、税收、出口等方面进行支持，以及对购买和接收具有自主知识产权的产品和服务的使用者进行补贴等，这些都是从出口导向向进口替代的发展战略转变所必须采取的措施。

7.稳定的产业政策扶持

虽然在初期，战略性新兴产业很难与外国高科技企业竞争，更谈不上抢占国际市场，但只要创新成功，其为企业和社会所带来的利益，往往是普通出口加工型企业的数千倍。因此，国家应该建立并执行稳定的产业支持政策，通过直接补贴、税收优惠等方式来支持较弱的企业，保证市场能够发出正确的信号，并形成良好的激励机制。要想实现战略性新兴产业的发展，最重要的就是加快实施人才强国战略，加强对高技术人才的培养，为世界各地的优秀人才到中国来创新创业创造良好的环境。因此，如果没有长期稳定的产业政策支持，没有有效的研发

（R&D）投入，研发强度（R&D/GDP）不高，尤其是没有较高技术水平和相对稳定的研发队伍，将会严重制约战略性新兴产业的发展。

三、战略性新兴产业的发展规律

（一）经济危机是战略发展性新兴产业的重要契机

经济危机（Economic Crisis）是指一个或多个国家的经济或整个世界经济在一段比较长的时期内不断收缩（负的经济增长率）。经济危机的发生具有周期性，是资本主义经济爆发的一种生产相对过程的危机，同时在经济周期中也处于决定性的阶段。自从 1825 年英国经历了首次全球性的经济危机，资本主义经济就再难消除经济危机的影响。

德国经济学家格哈德·门施（Gherhard Mensch）在分析了 112 个主要技术创新案例后，运用现代统计学方法，发现所有重大基础创新案例的峰值都在出现经济衰退期间，并且技术创新的发生周期和经济衰退之间存在"逆相关"关系，从而得出结论：经济衰退会激发技术创新，而技术创新则会成为新一轮经济增长的基础。

只要人类还活在这片土地上，就不会脱离危机。过去的危机来自饥饿、战争和瘟疫；当今世界正在面临着金融危机、生态危机、气候变化、能源危机。在危机面前，人类唯一的出路就是创新。世界范围内的经济危机常常是科学革命与技术革新的一个重要机遇。正是由于危机引发了技术创新，所以危机对战略性新兴产业的变革也起到了至关重要的作用。比如，1857 年的全球经济危机，引发了电力革命，这是以人类社会由蒸汽时代向电力时代过渡为标志的第二次科技与工业革命；在 1929 年发生的世界经济危机中，电子革命被触发，并推动着人类社会从电气时代迈入电子时代，这是第三次科技革命和工业革命。

（二）世界主要国家在每个发展阶段都会有相应的战略性新兴产业

18 世纪中期到末期，随着蒸汽机和纺织机的出现，以及蒸汽机的普及，世界进入第一次工业革命时期。煤炭开采、冶金、运输等工业领域都出现了蒸汽机的身影，而蒸汽机，则是这一阶段最重要的一项技术。

19世纪中后期，电动汽车和内燃发动机的发明，开启了第二次工业革命，随后，电动汽车和城市灯饰也相继投入使用。电力的生产、输送和利用，正是这个时代的新兴战略行业。20世纪六七十年代，伴随着芯片和微处理器的出现，开启了第三次工业革命，网络技术的应用范围已经从计算机科学扩展到了文字、声音、图像处理、机器设备控制、通信等多个方面。在这个时期，电子计算机就是一个新兴的战略行业。

英国是第一次科技革命的先驱，德国是第二次科技革命的先驱，美国是第三次科技革命的先驱，并且美国也因此成为当今世界上最强大的国家。历史表明，哪个国家能够把握住科技革命的机会，找到并扶持、引导代表新技术的战略性新兴产业，这个国家就有可能一跃成为新的世界强国。

（三）战略性新兴产业只能发生于原始创新

原始创新是一种新的、史无前例的、具有重要意义和原理性优势的科技成果。原始创新是指在研发活动中，尤其是在基础、高科技等领域中，具有独特意义的新发现、新发明。原始创新是一种具有根本性的创新，也是一种智力的创新，是一种对人类文明进步作出贡献的表现。新兴产业的发展离不开原始创新，也离不开新兴产业的发展。不管是科学发现、技术发明的产业化，还是产业技术路线的创新，都与对自然现象与规律的新解释有关，与科学与技术原理的新答案有关。到目前为止，基于重要的原始创新的新兴产业都是在诸如美国这样的发达国家中产生的。目前，我国所面临的形势是：新兴产业已经在国外形成，但是其核心技术却不能引入，要想形成这样一种新型产业，就只能靠我们自己进行原始创新。战略性新兴行业在科技创新的支持下，实现了快速发展。可以说，谁能掌握最重要的核心技术，谁就能占据上风。我国一些战略性新兴产业，其技术研发起步比较早，与发达国家相比，差距也不算太大，例如，电动汽车和生物育种等，已经处于世界领先地位。因此，必须充分发挥自身的优势，强化自主创新系统，争取在关键核心技术、高端共性技术上早日取得突破。即使是从发达国家引入的新兴产业，如果没有原始创新，也不可能走上高端化道路；从社会事业中产生的新型工业，离不开原始创新的支持。一个民族的原始创新能力是其强大的标志。

（四）战略性新兴产业是产业革命浪潮在新历史条件下的新载体

从历史发展的总体历程来看，工业革命一直是摆脱金融危机、步入新的上升阶段的重要推动力量，每一次重大的金融危机都为工业革命提供了新的机会，而新兴产业的出现又为经济带来了新的增长。例如，1857 年的全球金融危机导致了人类社会由蒸汽时代步入了电力时代，石油化工、汽车工业、电力和电器等新兴产业相继诞生；1929 年爆发的全球金融危机，把人类从电力时代推进到了电子时代；第二次世界大战带来的危机，促使世界进入了第三次工业革命，出现了核能、航空航天、电子等新兴产业；20 世纪末期亚洲经济危机引发的网络革命，极大地改变了人类的生活方式，也给现代服务行业带来了巨大的变化。发生在 21 世纪初期的金融危机，也会在此基础上，以工业变革的形式，引领着全球经济复苏。当前，石油、天然气和煤炭等化石燃料储量日渐枯竭，燃烧化石燃料所带来的碳排量快速增加，使地球无法承受。因此，以节能环保、新能源及新能源汽车、新材料等为主要代表的新兴产业，自然而然地与新一轮工业革命的需求相适应，成为发展的重点。

（五）科技革命是发展战略性新兴产业的根本动力

在 20 世纪六七十年代，克鲁格曼（Krugman）首次将技术创新的概念引入贸易理论的研究中。在他看来，世界上的主要产业都是随着持续的科技技术创新不断演化的，合则最终会导致世界经济的不平衡。从这里可以看出，科学技术革命对一个新的或者说战略性的行业的发展与演化起着决定性的作用。

从科技发展的历史来看，每次科技革命都会引发一场生产方式上的巨大变革，这场变革也就是工业革命。因为新技术的应用，使企业的生产效率和市场份额都得到了持续的提升，所以，新兴产业会逐步演化成主导产业，并通过关联效应，将新技术扩散到整个产业系统，从而导致了产业技术体系的变化，使得产业结构的升级。所以，科学技术革命不但带来了思想解放，也带来了生产力的解放；工业革命产生的不仅仅是新兴产业，还有战略性工业或主要工业的升级。因此，战略性新兴产业的加速发展，必然要求和引导科技人力资源持续优化并与之协调发展。科技革命是战略性新兴产业发展的原始动力和根本动力。

（六）新兴产业形成过程也是商业模式创新过程

商业模式创新，虽然是一种新的创新方式，但其重要性并不比技术创新等低。战略性新兴行业的发展，也是一个以技术创新以及整体商业模式创新为核心的企业发展壮大的过程。同时，在战略性新兴行业中，成功的商业模式也是推动其发展的一股不可忽视的力量。

坚持以战略性新兴行业为导向的特点，充分发挥国家对战略性新兴行业的引导支持作用；根据战略性新兴行业的需求，培养出一批具有长期稳定性的、有潜力的市场；根据战略性新兴行业工业化的特点，积极推进高科技成果的运用与转化。战略性新兴行业的发展有其独特的规律，即要依靠国家政策的支持，要通过市场的培育来实现；这就要求企业在发展过程中必须有关键技术的突破，要有较好的行业组织环境，还要有商业模式的创新。新兴产业的发展是一个研究与开发、产业化、市场导向的过程。没有适合于新兴行业的商业模式创新，就无法形成畅销的商品，无法形成持久的市场，也就很难形成新兴行业。比如万燕公司是第一家推出 VCD 播放器的公司，但是因为市场开拓不到位而惨遭失败；而"爱多牌"VCD 则因其在商业运作方式上的革新，在全国范围内迅速走红。

（七）正确选择是发展战略性新兴产业的有效保障

第二次世界大战后，苏联基于"冷战"思想，以及经济安全等因素，大力发展军工、重化工等工业，使苏联在"二战"结束后，很快就建立起一个较强、较完备的工业体系，并以较快的速度实现了较高的经济增长率。20 世纪 70 年代的"石油危机"后，世界各国纷纷展开新一轮的科技革命，以电子计算机、新材料、新能源等为核心的高科技产品为核心，形成了一大批战略性新兴产业，并在全球范围内迅速发展。但是，由于苏联仍坚持"以军工为主"与"机器制造为主"的工业方针，不但错失了新一轮科技革命与产业重组的机会，也使机械制造、石油、煤炭与黑色金属等传统的重化学业，在相当长的一段时间内，陷入停滞。到1980年末，苏联经济更是濒临崩溃。其中最主要的一个原因就是苏联没有及时对其产业政策进行调整，没有对自己国家的战略性新兴产业进行合理的筛选与培养，导致了一大批新的领先产业与支柱产业的失败，使得传统行业由于缺少关键的核心技术与持续的创新，而失去了对自身的支撑。与此形成鲜明对比的是，日本在"二战"后实施了一系列工业政策，如工业合理化，"IT"立国，知识产权强国等，并对其经济的整体恢复与腾飞起到了很好的推动作用。

从产业发展的角度来看，新兴产业大多是在技术断裂和经济衰退的时候才出现的，而在这个时候，金融危机为产业结构升级和发展方式的转变提供了一个难得的机会。

苏联、日本等国家的经验告诉我们，尽管在技术革命的推动下，战略性新兴产业能够得到很好的发展，但因为新兴产业在起步阶段往往都是比较弱、比较危险、缺少竞争力的行业，所以，对其进行恰当的筛选，并给予相应的政策支持，才能使其迅速成为具有战略意义的行业。

四、发展战略性新兴产业的重要意义

发展战略性新兴产业对我国抢占新一轮科技革命和产业变革的制高点具有重要意义。全球正处于新一轮科技革命和产业变革快速发展的时期，许多将对未来经济社会产生重大影响的新发现、新技术不断涌现，战略性新兴产业作为此次大变革中的关键领域，其重要地位日益凸显，世界各国尤其是发达国家纷纷采取措施以加快新兴产业的发展，如美国的"国家创新战略"和"先进制造战略"、德国的"高技术战略"等。在全球竞争日趋激烈的国际形势下，推进战略性新兴产业更好更快地发展是我国应对挑战、抢占变革制高点的客观需要。

战略性新兴行业的发展是国家经济方式转型升级和可持续发展的必然要求。

改革开放后，以"重工业为导向"的发展战略，使中国经济保持了较快的发展速度。但是，以重工业为主的发展策略，会带来高污染、高能耗问题，在实现快速发展的同时也带来了严峻的环境问题，为缓和粗放型发展给资源环境带来的压力，我国亟须加快转变经济发展方式，促进资源节约型和环境友好型社会建设。前文对战略性新兴产业的定义中提及，战略性新兴产业是知识技术密集、物质资源消耗少、成长潜力大、综合效益好的产业，发展战略性新兴产业能够减少对物质资源的依赖，通过知识技术的突破来提升产业发展水平，从而培育新的经济增长点，在实现经济发展的同时减轻环境压力，以实现可持续发展。

战略性新兴行业的发展对于构建现代工业体系，实现产业结构的优化与升级，有着十分重要的作用。目前，我们已经进入了一个新的发展阶段，要想实现高质量的发展，就必须建立一个现代化的工业体系。在《中华人民共和国国民经济和社会发展第十四个五年规划和 2035 年远景目标纲要》中，提出要推动互联网、大数据、人工智能等技术与相关产业的深度融合，加快发展先进制造业，形成一批具有鲜明特色、优势互补、结构合理的战略性新兴产业，培育新技术、新产品、新业态、新模式等。可见，战略性新兴产业是建设现代产业体系、实现产业结构优化升级的关键领域，加快战略性新兴产业发展有利于实现创新驱动战略、推动我国产业链向高端迈进、提升整体产业水平。

第二节　我国战略性新兴产业的发展现状

一、当前我国战略性新兴产业的发展现状分析

伴随着各项政策措施的实施，我国战略性新兴产业表现出了发展速度加快、规模效益显现、创新能力提升和产业集群逐渐形成的良好态势，这些都有效地推动了经济结构的转型升级。目前，在总体经济不景气的背景下，战略性新兴产业

正在以比传统行业更快的速度发展，表现出了强劲的增长势头。

目前，面临着错综复杂的国际、国内环境，我国的高技术产业和战略性新兴产业以经济发展方式转变为主线，表现出了良好的发展态势。高技术制造业的表现比其他行业要好很多，从主要的运行指标来看，附加值、出口交货值、投资等都取得了稳定快速的增长，已经达到了全年预期的合理范围。2022年，我国高科技行业的投资增幅为18.9%，比总投资增幅高13.8%。其中，高新技术制造业的投资增长了22.2%，高新技术服务业的投资增长了12.1%。高科技制造业中，医疗仪器和仪器设备制造业的投资增长了27.6%，电子和通信设备制造业的投资增长了27.2%；在高科技服务业方面，科技转化服务业的投资增长了26.4%，研发设计服务业的投资增长了19.8%。

与此同时，根据国家信息中心的报告，在2022年，我国战略性新兴产业的发展速度持续回升，特别是在上半年，在工业经济整体疲软的情况下，实现了逆势上扬，一些产业的增长速度达到了工业经济总体增速的两倍以上，从而成为支撑产业结构调整、经济转型发展的一股重要力量。整体获利情况较好，对战略性新兴行业有较大的助益。一些行业的利润增长速度和营业收入的利润率都比同期整体的增长速度要快。在2022年，新一代信息技术、生物医药、高端装备制造、新材料、新能源汽车等战略性新兴产业的重点领域均取得了一定进展，具体表现如下。

（一）新一代信息技术

在2022年，电子信息制造业的增速有所放缓，虽然传统的信息产业增长乏力，但是新一代信息技术产业起到了引导的作用，在移动互联网的推动下，通信设备行业发展最为迅速。通信器材业的销售额、出口额增长速度在所有产业中名列前茅。"大数据""智慧城市""移动互联网""云计算"等新概念在2022年被列为"最热门"。目前，我国大、中型城市的智能手机、平板电脑和电视的普及率均达80%以上。其中，家庭宽带接入、网上视频和网上购物已经成为新一轮的信息消费新的增长点。

（二）生物医药

生物医药、生物农业、生物制造、生物能源等产业也都有一定的规模，在全国范围内，生物产业一直保持着 20% 以上的增长率。目前，我国已经形成了世界上规模最大的生物产业科技研发和产业化人才队伍，科技论文发表总数、专利申请总量均已跃居世界第二位，在一系列重大科技基础设施建设中，如生物基因资源库、生物信息中心、药物创制技术平台、农作物育种资源基地和品种创新技术平台等方面，取得了显著成果。

（三）新能源汽车

在"十四五"规划的上半期，我国的新能源汽车行业取得了一系列的重大突破，尤其是锂离子电池和磷酸铁锂电池的技术取得了长足的发展。目前，很多企业已将所生产的新能源汽车用电动机出口到美国。新能源汽车的销量持续上升，带动了整个行业的快速发展。

（四）高端装备制造

在 2022 年，我国的大型客机、大型运输机、先进直升机、通用航空器等高端装备制造业均有重大突破。中国的国际零件生产也在增加，波音公司的零件在国内的需求量以每年 20% 的速度增加；卫星应用产业的发展模式从以科研为主转向以服务为主；北斗卫星导航系统的产业化进程正在加快；以"高铁"为代表的、在国际上具有一定影响的、具有系统性的自主开发能力，拥有 3460 列高速列车，铁路总里程 42000 公里，位居全球之首。

（五）新材料

新材料产业取得重大突破。2022 年，我国的新材料产业规模继续扩大，其中，稀土功能材料、先进储能材料、光伏材料、有机硅、超硬材料、特种不锈钢、玻璃纤维及其复合材料等的产能位居世界前列。新材料产业体系也在持续地完善之中，初步形成了包括研发、设计、生产和应用，品种门类较为齐全、产业技术较为完备的产业体系。

二、各国战略性新兴产业发展战略比较

（一）中国

最近几年，我国战略性新兴产业一直在持续快速发展，新兴动能越来越强大，对我国经济的高质量发展起到了积极的作用。具体来说，2015—2019年，战略性新兴产业的平均增长速度为10.4%，高于同期总的增长速度4.3个百分点；服务战略性新兴行业中，规模以上企业的营业收入平均年增长速度达到15.1%，高于同期全部规模以上企业3.5个百分点。在出口贸易方面，战略性新兴产业成为外贸出口主引擎，2019年重点工业行业累计出口交货值达60000亿元，比2018年增长了10.2%，对我国出口贸易增长贡献率达67.1%。在A股上市公司中，有1634家战略性新兴产业企业，占到了所有上市公司总数的43.4%。这些龙头企业的出现，对我国战略性新兴产业的发展起到了很好的引导作用。

我国的战略性新兴行业的成长，离不开一系列有利政策的强效支持。近年来，我国战略性新兴产业的政策支撑体系逐步完善，政策环境持续优化。在2010年，《国务院关于加快培育和发展战略性新兴产业的决定》（国发〔2010〕32号）中，国家将节能环保、新一代信息技术、生物技术、高端装备制造、新能源、新材料、新能源汽车七大产业列为国家发展战略性新兴行业的重点方向。此后，我国又相继发布了一系列战略规划，并根据实际发展情况对重点领域作出动态调整，比如2018年国家统计局公布《战略性新兴产业分类（2018）》，在原有七大领域的基础上新增数字创意产业和相关服务业两人领域。此外，相关部门出台了一系列针对细分领域的产业政策和推动重大工程实施的政策性文件；地方层面也基于自身产业基础和发展优势，制定并实施了一系列促进产业发展的政策规划。

从国家层面看，2012年7月，《国务院关于印发"十二五"国家战略性新兴产业发展规划的通知》（国发〔2012〕28号），将节能环保、信息技术、生物、高

端装备制造、新能源、新材料、新能源汽车等列为"十二五"国家战略性新兴产业重点发展的 20 个重点工程，并从财政、金融支持、技术创新、人才政策、市场环境建设、重点领域和关键环节的改革等方面，提出了"十二五"国家战略性新兴产业发展的新思路。2016 年 11 月，《国务院关于印发"十三五"国家战略性新兴产业发展规划的通知》（国发〔2016〕67 号）发布，明确了"十三五"时期的发展目标、重点任务和政策措施，并在此基础上提出了相应的建议。其中还提到，在 2020 年，将战略性新兴产业的增加值在国内生产总值中所占的比例提高到 15%，从而形成了新一代信息技术产业、高端装备制造产业、生物产业、绿色低碳产业、数字创意产业这 5 个产值为 10 万亿元的新支柱，并在更广泛的领域中，形成了一批又一批的跨界融合的新增长点，这些新增长点平均每年都能带来 100 万人以上的新就业岗位。2020 年 7 月，国家提出"十四五"发展规划，指出战略性新兴产业将成为我国经济未来发展的支柱性产业，同时战略性新兴行业也被认为是解决我国经济发展不平衡、不充分问题的重要产业。在"十四五"期间，我们要以新发展理念为指导，大力发展战略性新兴行业，夯实建设现代化经济体系的根基，使新兴产业在经济社会发展中发挥主导作用，促进产业结构调整、技术升级等。推动以互联网、大数据和人工智能为代表的信息技术和实体经济深度融合，在粤港澳大湾区、长江经济带、长江三角洲、京津冀等国家重点区域，推动世界一流产业集群的发展。通过发展新旧动能的转换，支持区域协调发展，推动经济发展向更高质量的水平迈进。《关于扩大战略性新兴产业投资培育壮大新增长点增长极的指导意见》（发改高技术〔2020〕1409 号）在 2020 年 9 月发布，明确提出要以"集中投资、打造产业集聚发展新高地""加强资金保障"为重点，促进战略性新兴产业健康发展，为国民经济发展提供新动能。

在地方层面，各级政府基于自身产业基础和发展优势，制定并出台了一系列促进产业发展的政策规划。比如，江苏省人民政府将新一代信息技术产业、高端软件和信息服务业、生物技术和新医药产业、新材料产业、高端装备制造产业、节能环保产业、新能源和能源互联网产业、新能源汽车产业、空天海洋装备产业、数字创意产业十大产业确定为重点发展领域，通过提升产业创新能力、培育优强骨干企业、扩大应用试点示范、推动集聚集约发展、提高产业国际化水平、引进培养高端人才、推进军民深度融合等举措，推动江苏战略性新兴产业成为综合实力国内领先、引领全省国民经济发展的支柱产业。广东省在 2020 年 5 月，出台了《广东省人民政府关于培育发展战略性支柱产业集群和战略性新兴产业集群的意见》（粤府函〔2020〕82 号），提出要大力发展新一代电子信息、智能家电、生物医药和健康，以及智能机器人、新材料、区块链和量子信息产业，促进产业链、创新链、人才链、资金链、政策链的贯通，加速现代产业体系的构建。

在对战略性新兴产业制定总体发展战略的基础上，针对战略性新兴产业细分领域的政策规划也相继印发，为战略性新兴产业五大领域八大行业的发展提供强有力的规划支撑。例如，《国务院关于印发新时期促进集成电路产业和软件产业高质量发展若干政策的通知》（国发〔2020〕8 号）于 2020 年 7 月发布，提出了在财税、投融资、研发、进出口、人才、知识产权、市场应用、国际合作等多个领域制定优惠政策，为我国集成电路产业和软件产业的高质量发展提供了有力支持。《国务院办公厅关于印发新能源汽车产业发展规划（2021—2035 年）的通知》（国办发〔2020〕39 号）在 2020 年 10 月发布，提出要推动新能源汽车产业高质量发展，加强技术创新，营造良好的产业生态，推进产业融合，完善基础设施，不断深化开放合作，推动我国新能源汽车产业高质量发展。

战略性新兴产业的发展对高素质人才、资金等要素投入具有较高需求，近年来国家和地方政府出台了一系列政策，保障复合型高技能人才供应和金融资源支持。在复合型高技能人才培养政策上，针对战略性新兴产业人才紧缺问题，《教育部等四部门印发〈关于在院校实施"学历证书＋若干职业技能等级证书"制度试点方案〉的通知》（教职成〔2019〕6 号）启动"1+X"证书试点工作，优化复合型技能人才培养模式，为战略性新兴产业发展提供人才支撑。在金融支持上，国务院办公厅发布《国务院办公厅转发证监会关于开展创新企业境内发行股票或存托凭证试点若干意见的通知》（国办发〔2018〕21 号），引导部分新兴产业领域"独角兽"企业获得优先上市机会。国家发改委联合政策性银行提供不低于 1.5 万亿元和 8000 亿元融资。此外，各地区陆续设立专项资金扶持产业发展，例如，四川建立规模为 30 亿元的战略性新兴产业和高端成长型产业基金支持战略性新兴产业重点企业的发展。

（二）美国

美国对新兴产业的发展规划与支持主要源于两大战略——"国家创新战略"和"先进制造战略"，2009 年，奥巴马政府发布《美国国家创新战略：推动可持续增长和高质量就业》（*A Strategy for American Innovation: Driving Towards Sustainable Growth and Quality Jobs*），提出重点推动清洁能源、先进车辆、健康医疗等领域的技术突破，提升基础研究投入和培育新一代技术人才。2011 年，美国对第一版《美国国家创新战略》进行了修订，推出了《美国创新战略：确保我们的经济增长与繁荣》（*A Strategy For American Innovation: Securing our Economic Growth and Prosperity*）。在新一版的战略规划中，美国将重点突破领域修订为清洁能源、生物技术、纳米材料、先进制造、空间技术、健康医疗和教育技术等多个领域，并继续强调了基础研究的重要性。2015 年，美国发布新一版《美国国家创新战略》，重申美国政府将加大对创新的支持力度，并围绕医疗卫生、先进车辆技术、智慧城市、清洁能源、空间探索、教育技术、高性能计算、人体大脑开发等关键领域进行重点突破。

在先进制造业方面，美国于 2012 年推出《国家先进制造战略计划》（*National Strategic Plan for Advanced Manufacturing*），协调多部门支持先进制造业发展，并增加先进制造领域的研发投入。2018 年，《美国先进制造领先战略》（*Strategy for American Leadership in Advanced Manufacturing*）发布，提出了三大发展目标：开发新的制造技术、培育新型制造业劳动力、扩展美国制造业产业链。针对新的制造技术，美国将智能制造系统、新型材料、医药产品、电子设计和制造以及粮食农业产品制造五大领域作为未来的重点发展方向。同时，美国在五大领域中也明确了各领域的优先发展事项，例如智能制造领域优先发展数字制造、工业机器人、人工智能、制造业网络安全系统等，电子设计和制造领域优先发展半导体设计和制造、新型材料、新型设备和架构。

除了以上战略，美国在细分行业也有众多发展和支持计划。以"机器人计划"为例，2011 年，美国国家科学基金会（NSF）、美国国立卫生研究院（NIH）、美国农业部（USDA）和美国航空航天局（NASA）联合发起"国家机器人计划（National Robotics Initiative）"，该计划旨在发展下一代机器人，并寻求将其应用在工业、太空探索、卫生健康、军事和农业等领域。2017 年，美国发布"国家机器人计划 2.0（National Robotics Initiative 2.0）"，该计划聚焦于"协作机器人"，关注机器人与机器人协作、机器人与人类协作、机器人在各种复杂环境下工作、机器人与云平台之间的信息传输以及软硬件在机器人身上的合理搭配。2021 年，美国继续发布"国家机器人计划 3.0（National Robotics Initiative 3.0）"，该计划将焦点从"协作"转移至机器人技术的集成创新。

纵观美国在新兴产业方面的战略规划，可以发现其战略呈现以下特点：第一，重视基础研究。美国在其历次"国家创新战略"中都突出强调了基础研究的重要性，并指出基础研究可能无法带来短期的效益，但从长远看却可以带来无法想象的收益。第二，注重人才培养。美国在"国家创新战略"和"先进制造战略"中，都把新一代劳动力培养置于重要位置，并积极探索教育改革，力图培育出符合先进技术发展需求的新一代技术人才。第三，强调市场机制与产业政策的有机结合。美国一方面强调市场机制的重要性，给予私人部门充分的自由进行研发创新；另一方面，积极资助高等院校和研究中心等公共服务部，通过公共科技服务体系和企业研发的有机结合，极大释放了美国的创新活力，并有效促进了科技进步。

（三）日本

日本规划布局新兴产业发展具有悠久的历史。20 世纪 90 年代，日本颁布《新技术立国》《科学技术创造立国》和《21 世纪的产业结构》等政策，试图将产业发展重点从汽车、电子等领域转向信息技术等新兴产业。进入 21 世纪后，日本一方面通过《科学技术基本计划》推进基础研究向前发展；另一方面则通过《分领域推进战略》等产业发展战略推进关键产业突破。

《科学技术基本计划》每五年为一期，第一期于 1996—2000 年实施，在实施期内，日本通过增加科技投资、改革科技体制、构建理想研发环境和确定重点推进领域等措施，大力发展基础研究，提高日本科技的国际竞争力。以第三期《科学技术基本计划》为例，日本将 8 大领域的 62 项技术纳入发展计划，其中生命科学、信息技术、环境科学、纳米材料技术这四个领域被确定为优先发展领域。《分领域推进战略》于 2006 年发布，它以《科学技术基本计划》为基础，将生命科学、信息技术、环境科学、纳米材料技术确定为"四大重点推进领域"，将能源、先进制造、社会基础设施和前沿科学确定为"四大推进领域"。除了对八大领域进行顶层设计，《分领域推进战略》还确定了 273 项重点研究课题、62 项重点科学技术项目，并从 62 项重点科学技术项目中选定了五大项目作为"国家核心技术"项目。

除了对多个领域的综合规划，针对某些关键领域，日本政府也推出了战略规划。以新能源汽车发展战略为例，日本于 2007 年公布了《下一代汽车及燃料计划》，并于 2009 年公布了《下一代汽车普及战略》，为日本今后的新能源汽车产业指明了一个基本的发展方向。此后，日本于 2010 年发布了《新一代汽车战略 2010》，从总体战略、电池战略、资源战略、基础设施战略、系统战略、国际标准化战略等多个角度，对新一代汽车的发展方向与目标进行了详尽的阐述。《新一代汽车战略 2010》指出，2020 年，新一代汽车在日本的新车销量中所占的比例将达到 20%~50%。日本于 2016 年公布了《纯电动汽车与插电式混合动力汽车路线图》和《氢与燃料电池汽车战略路线图 (修订版)》，对日本新能源汽车行业的未来发展目标进行了详细的阐述，并提出了相应的政策建议，进一步细化了未来日本新能源汽车产业的发展目标。在产业支持措施上，日本政府使用了税收减免、购车补贴等需求侧的激励措施，同时也对充电基础设施建设给予相应补贴。

（四）德国

作为全球工业强国，德国一直都非常重视新兴产业发展。2006 年，德国推出《德国高技术战略（2006—2009）》，试图通过促进高科技产业发展，提升德国全球竞争力。《德国高技术战略（2006—2009）》将医疗健康、气候与资源保护、交通、安全四大领域列为重点资助领域，并将信息与通信技术、纳米技术、环境技术、燃料电池技术纳入重点资助的横向技术。在实施措施上，德国联邦政府提出，2008年德国研究开发的支出预算将达到国内生产总值的2.7%，政府总投入金额将达到150亿欧元。2010年，德国推出《德国高技术战略2020：思想—创新—增长》。新的"高技术战略"聚焦于气候与能源、营养与健康、物流、安全和通信五大领域，并为每一个领域都制定了具体的发展方向。除此之外，新的战略也确定了多个"未来项目"，包括低碳城市建设、能源供应网络改造、可再生能源开发、个性化医疗、通过有针对性的营养保健获得健康、老龄化应对、2020年电动汽车保有量突破100万辆、通信网络保护、通信网络能耗下降、全球知识的数字化及普及、未来的工作环境与组织。

为落实《德国高技术战略2020》，德国工业界于2013年向德国政府提交了《保障德国制造业的未来：关于实施"工业4.0"战略的建议》，该建议很快就被德国政府采纳。德国"工业4.0"战略的核心是"智能+网络化"，通过机器人、物联网和软件的高度集成，并应用信息技术与网络技术，使传统生产制造走向智能制造和智能生产。德国"工业4.0"战略并没有设定优先发展的产业，但明确了德国制造业的发展方向为智能制造，这有利于充分发挥德国制造业强国的优势，使德国在工业制造领域始终保持领先。

2018年，德国更新了其"高技术战略"，并公布《德国高技术战略2025》。这一战略计划将2025年德国研究开发的预算支出提升至国内生产总值的3.5%，并提出了三大行动领域和12项发展重点，包括抗击癌症、数字化医疗、减少"白色污染"、降低温室气体排放、发展循环经济、保护生物多样性、发展清洁的交通工具、支持电池自主制造等。新的"高技术战略"直面德国当前所面临的挑战与机遇，在继承《德国高技术战略2010》《德国高技术战略2020》的基础上，勾勒了德国未来发展的蓝图，为德国工业的发展指明了方向。

第三节　我国战略性新兴产业存在的问题

当前，从中央到各级地方政府都在积极部署战略性新兴产业，并出台了系列促进措施与政策，然而受到战略性新兴产业基础薄弱以及体制机制的制约，我国战略性新兴产业发展还存在一定的问题。

一、缺乏更高范围的顶层设计，各地重复建设严重

在国家明确战略性新兴产业之后，各地政府积极发展新兴产业，选定重点发展领域，并规划千亿级的产业基地，由于缺乏更大范围的统一规划设计，造成了严重的重复建设。我国发展规划缺乏精细化，区域之间缺乏针对性，没有充分考虑区域比较优势与资源禀赋，区域之间常常采用趋同化的产业发展方案，造成了资源配置效率低下，资源浪费严重。各地政府重点发展的新兴产业如表2-1所示。

表 2-1　各地政府重点发展的新兴产业

地区	项目
北京	新一代信息技术、生物、节能环保、新材料、新能源汽车、新能源、航空航天和高端装备制造
天津	航空航天、新一代信息技术、生物技术与健康、新能源、新材料、节能环保、高端装备制造
河北	新能源、新材料、生物医药、新一代信息技术、高端装备制造、节能环保、海洋经济
山西	现代装备制造、现代煤化工、新型材料工业、现代食品工业
内蒙古	新能源、新材料、新医药、信息技术和节能环保
辽宁	信息、新能源、新材料、生物技术、节能环保等
吉林	医药、生物化工、电子信息、新材料、新能源、新能源汽车、先进装备制造业、节能环保
黑龙江	新材料、生物、新能源装备制造、新型农机装备制造、交通运输装备制造
上海	新一代信息技术、高端装备制造、生物、新能源、新材料
江苏	新能源、新材料、生物技术和新医药、节能环保、软件和服务外包、物联网和新一代信息技术

续表

地区	项目
浙江	生物、物联网、新能源、新材料、节能环保、高端装备制造、海洋新兴、新能源汽车和核电关联等
安徽	电子信息、"能环保、新能源、生物、高端装备制造、新材料、新能源汽车、公共安全产业
福建	新一代信息技术、生物与新医药、新材料、新能源、节能环保、高端装备制造、海洋高新产业
江西	新能源、新材料、新动力汽车、民用航空、生物医药
山东	新能源、新材料、新信息、新医药、海洋开发
河南	新能源汽车、生物、电子信息、节能环保、新能源、新材料
湖北	节能环保、新一代信息技术、生物、高端装备制造、新能源、新材料、新能源汽车
湖南	先进装备制造、新材料、文化创意、生物、新能源、信息、节能环保
广东	高端新型电子信息、新能源汽车、半导体照明、节能环保、太阳能光伏、核电装备、风电、生物医药、新材料、航空航天、海洋
广西	节能环保、先进装备制造、生物、新能源汽车、新材料、新能源、生命健康、新一代信息技术
海南	油气化工、纸浆及纸制品、汽车和装备制造、矿产资源加工、新能源和新材料、制药、电子信息、食品和热带产品
重庆	通信设备、高性能集成电路、节能与新能源汽车、轨道交通装备、环保装备、风电装备及系统、光源设备、新材料、仪器仪表、生物医药
四川	新一代信息技术、新能源、高端装备制造、新材料、节能环保及生物产业
贵州	新能源、新材料、生物医药、先进制造业和电子信息
云南	生物、光电子、新材料等
陕西	航空航天、新材料、新能源、新一代信息技术、生物技术、节能环保
甘肃	新能源和新能源装备制造业、新材料、新医药、生物医药、信息技术
青海	新能源、新材料、装备制造、生物产业等
宁夏	新能源、新材料、先进设备制造、生物、新一代信息技术、节能环保
新疆	新能源、新材料、先进设备制造、生物、新一代信息技术、节能环保

二、政府干预失当

　　我国产业发展的组织方式，依然依赖于特殊的国情，这主要体现在从传统的计划经济体制下的产业培养方式，到市场经济体制下的产业自我成长方式的转变过程中，这期间，政府的作用依然不能被忽略。产业发展中所需的大部分经济资源，仍然要靠政府来配置，在流通环节、要素分配环节、资本供应等方面，都急需加强。在支持战略性新兴产业进行发展的时候，一方面，在发展的过程中，政府意志比较明显。战略性新兴产业自身就是国家发展战略的一种体现，并且存在着政府与市场的边界仍然比较模糊的问题，如果政府介入不当，会造成产业发展的方向发生偏差，甚至会使其发展陷入困境。另一方面，战略性新兴产业是一种现代产业形态，但是它依附在一个相对不发达的金融市场上，融资通道堵塞问题比较突出，金融产品的价格经常会被扭曲，这就导致了资金的分配不合理，影响了产业的快速发展。据此，本项目研究认为，我国战略性新兴产业发展面临的"瓶颈"问题也体现在两大体制层面，即政府介入不当和金融供给不足，这是我国战略性新兴产业发展急需突破的关口。

当前，无论是中央还是各地，都高度关注这一问题，并出台了一系列扶持政策。但是，由于我国产业结构调整的思路与发展传统产业的思路相似，所以也存在着如"产业结构调整""资源合理分配"等问题。实际上，各地政府制订的产业发展目录大致相同，政策作用也极为相似，注重短期规模效应而不注重长期产业竞争力的培育，导致行业发展同质化、重复建设问题突出。由于产业发展尚处于萌芽阶段，不得不面对激烈的市场竞争，最终导致产业发展从高潮迅速走向萧条，产业发展前景暗淡。

因此，在新的经济发展形式下，国家制定的有关政策一定要符合产业发展的实际需要，明确政府与市场的界限，从而更好地发挥政府对产业发展的导向作用。

从产业发展的实际情况来看，国家对战略新兴产业的介入方式有三种，即经济调控、行政管理和市场监管。

（一）经济调节对新兴产业发展的影响

在我国，财政和货币等宏观经济政策对战略新兴产业的发展具有非常大的影响。这些政策包括税收优惠、消费补贴，以及为战略性新兴产业提供的研究与开发补贴。其最大效果是：可以将目标产业的运营费用降到最低，提高它们的预期利润，协助企业突破由于技术不成熟和需求不足造成的发展瓶颈，这样就可以利用市场机制来吸引企业进行投资，并在政策实行的地区，形成一种产业集聚的效应，进一步推动资金的高效聚集，迅速地构建出一个产业发展集群。同时，也鼓励企业加大研究和开发力度，争取获得核心技术，以打破行业发展的技术壁垒。

在现实生活中，常因政府对经济调控的理解出现偏差，导致宏观层面经济调控失灵。比如，在生物制药产业发展的过程中，医保目录的价格政策并没有将创新药物与传统药物区别对待，这就造成了一些问题。在医药招标中，因缺乏对创新药的区分，导致其难以在价格竞争中脱颖而出，从而极大地降低了市场对生物医药的需求量。而且，在税收优惠政策方面，也经常会受到一些企业的抱怨，比如优惠力度不够、受益范围窄、执行成效低等。目前的增值税政策造成了企业人力资本和研发成本相对较高的问题，在战略性新兴产业中的企业税负也相对较高，严重影响了企业的创新热情。

（二）行政管理对新兴产业发展的影响

对于政府来说，其最不可取代的方面，就是能够行使行政职能，起到约束资源配置和企业行为的作用。随着国务院有关文件的发布，各地政府纷纷制定了相应的政策，在国家范围内展开了战略性新兴产业发展计划。在战略新兴产业中，如果所涉及的基础研究数量庞大，且投资规模巨大，企业将难以承受，且在短时间内不能获得利润，而企业又缺乏投资的动力，这就要求政府充分发挥管理职能，整合社会资源，并组织有关的科研院所进行该领域的基础研究，从而将市场机制的失效弥补回来。政府的行政管理职能能够利用行政的短期资源动员能力，推动战略性新兴产业快速形成一定规模，并在此过程中，初步构建起产业发展所必需的技术和市场基础，为产业的进一步发展提供必要的支持。

需要注意的是，政府必须合理使用所拥有的行政职能，如果使用不当，将使市场机制不能正常运作，从而影响企业的发展。例如，在实施政策的过程中，会出现信息不对称，信息传递和接收效率低下，以及政企合作的程度不高的问题。已有的管理体制发展落后于行业发展需求，当像精密医疗设备等具有较大专业面、较多部门和较高审批难度的产品出现时，现行体制下的政府管理体制难以形成有效的配合，导致了体制阻碍行业发展。比如，在生物制药产生的发展过程中，因为新药审批政策存在不足，批准时间过长，很可能使企业错过了发展的最佳机会，最终不得不放弃对技术创新的投资。

（三）市场监督对新兴产业发展的影响

在传统的西方经济学学说中，国家被认为是市场"守夜人"，其职责是维持市场交易秩序，为市场提供基本的制度保证。对于中国的战略性新兴产业来说，其独特的发展时期决定了政府在其发展过程中所起到的作用，虽然与国外所做的定位并不相同，却是不可或缺的。比如，因为我们的计划体制实行的时间比较长，所以目前在产业发展中还存在很多的制度性障碍和所有制歧视。民营企业在进入新兴产业时，会遇到一道"玻璃门"，以及因金融体系不健全而导致的产权差别待遇，使我国的中小企业陷入融资困境。所以，在发展战略新兴产业的过程中，政府的职责就是要在制度上提供支持，打破行业垄断，维持市场上的平等竞争。另外，国家应加大对战略性新兴产业的投资力度，为企业的发展创造良好的物质条件。

虽然在《关于鼓励和引导民营企业发展战略性新兴产业的实施意见》中，有一条明确的规定，即要对民营企业的准入调价进行清理和规范。然而，因为战略性新兴产业中的电信、节能、环保等行业，都处于行政性垄断状态，所以，行政性进入壁垒在短时间内难以被打破。除此之外，战略性新兴产业发展支持政策本身，也存在着将关注的焦点放在大型央企和重点项目上，而忽略了对配套产业、民营企业和广大中小企业的支持等问题，这在客观上也导致了竞争环境的不公平。

政府对战略性新兴产业作用机制如图 2-1 所示。

综上，越位、缺位和错位是当前我国政府政策作用机制存在的主要问题。因为制度惯性问题，我国的政府与市场之间始终存在着边界不清晰、责任不明确的问题。这就导致了在行业发展过程中，政府的介入很可能会对企业的正常运营决策产生影响，导致企业和行业的效率降低，从而使政府的作用与其原本的政策目标背道而驰。然而，在技术标准和技术路径的选择等制度缺口方面，政府常常未能及时补足，导致了产业发展的滞后。此外，现有的政策体系中，还存在着支持力度不足，政策实施效果不明显等现象。

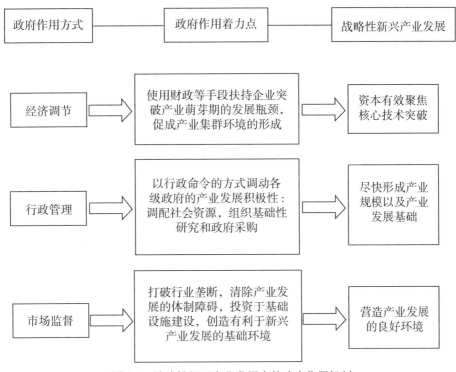

图 2-1　战略性新兴产业发展中的政府作用机制

三、金融支持不足

目前，我国的金融体系仍是以银行为核心。在我国，产业发展过程中目前最重要的融资方式仍然是银行贷款，而股票、债券等直接融资市场的发展还不够成熟，这就导致了战略性新兴产业发展所需要的融资，也是以银行贷款为主，这在一定程度上制约了战略性新兴产业的发展。此外，尽管国家出台了战略新兴产业的金融支持政策，但在现实中，银行对其进行信贷选择时，考虑最多的仍然是企业的所有制形式，以及企业的规模，而忽略了企业是否属于战略性新兴产业。

（一）战略性新兴产业融资渠道单一，信贷支持有限

研究发现，战略性新兴产业的发展与经济周期之间没有必要的关联性，再加上当前我国通货膨胀加剧，国家宏观调控要求实行货币紧缩政策，减少银行的贷款规模，这就导致战略性新兴产业在发展的过程中，很难获得足够的金融支持。

（二）中小民营企业融资困难问题依然突出

由于我国的金融体系是围绕着国有商业银行展开的，所以，在我们的信贷体系中，国有企业有着先天的优越感，并且在某种程度上会排斥民营企业。在我国实行贷款利率管制的条件下，相比民营企业，国有大型企业因其雄厚的财力而拥有绝对信贷优势。为了保证资金的安全性，银行更愿意将钱借给规模更大的国企。这就导致了，在资金短缺的情况下，民营企业通常不能从银行得到贷款，而国有企业则可以通过银行的渠道得到大量的低息贷款。民营企业只有通过自融资，或是通过其他的方式来获取资金。这使得信贷在体制内外产生了一种"真正的信贷利差"，进而导致了信贷资源分配的不平衡。尽管中小企业和民营企业是技术创新的主体，但它们并未得到充足的金融支持，难以为研发准备充足的资金，从而制约了我国战略性新兴产业的自主技术创新能力的培育。

（三）金融创新的风险分散机制不完善

由于技术前沿及市场环境的不确定性，所以战略性新兴产业面临着很大的风险。对于战略性新兴产业来说，必须有与其风险相适应的贷款产品和计划方案。但是，科技银行、风险投资等金融创新，都缺少对产业特殊性的深刻认识，更没有对战略性新兴产业生命周期的风险特点进行过研究，导致风险投资主要在产业发展的成长期进行，但是在战略性新兴产业最需要资金的是萌芽阶段，资金的使用并没有发挥出分散产业发展风险的功能。

由此可以看出，由于金融体系的发展滞后，政府干预不当，体制机制不健全，导致了激励机制和要素供给的扭曲，资源的不合理分配，最终使战略性新兴

产业的发展走入了误区。因此,如何评价制度障碍造成的产业生产效率的损失也是研究战略性新兴产业发展绩效的关键问题之一。

四、产业基础薄弱,自主创新能力不足

与国外的技术相比,在核心技术研发方面,我国的自主创新能力依然很弱,技术创新支持体系也不健全,未完全掌握行业关键技术和核心技术,生产实践所需要的关键核心技术大部分依赖于进口,国内技术与国际前沿水平之间有显著的差距。存在短板较多、产业专利技术缺乏、技术创新的支撑体系不够完善、科技人才不足、领军人才匮乏等问题。

第四节 我国战略性新兴产业的发展条件

发展战略性新兴产业所需的内因条件包括:坚实的教育基础,以产学研为主的创新主体,在具备产业基础、技术水平和研发能力的情况下,能够充分发挥强大的自主创新能力。市场的规范、资源的有效配置和政策的良好引导是战略性新兴行业发展的有利外部条件。我国具有发展战略性新兴产业的基本要素和条件。

一、我国发展新兴产业已具备一定基础

从目前来看,我们具有发展战略新兴产业的相对优势,具有很好的经济基础和广阔的发展空间。近几年来,我国的企业利润和固定资产折旧所占的比例都很高,这给了我们足够的资本来发展战略性新兴产业。在国内,新能源、节能环保等行业和技术已有初步发展,新技术、新产品、新服务方兴未艾,显示出旺盛的生命力。目前,我国很多行业已经跨过了工业化的大关,很多中小企业开始了积极的自主创新,在研发方面的竞争力越来越强。在新能源、新材料、新医药、节能环保、航空航天等领域,企业的发展潜力巨大,未来应抓住国际金融危机以来

的新机遇，通过企业并购、技术合作、设立海外研发机构、吸收科技人才等一系列举措，将世界范围内的创新资源和最新的成果纳入自己的视野中，确定自己的主要工作方向，强化基础研究，在核心技术上取得突破，努力实现跨越式发展。

二、技术创新对新兴产业的驱动力日益增强

从整体上讲，我国的产业仍处在全球产业链的低端，若不能及时把握发展趋势，抢占先机，将会被越来越多的发达国家超越。因而，未来要发挥优势，克服劣势，加快产业结构的调整和优化，扩大经济增长的空间。在发展战略性新兴行业时，首先要进行的不是投资，而是激发创新活力，掌握核心技术，为发展提供良好的环境。现阶段政府的工作重心是，通过制度设计，激发企业发展的内在动力，通过规制政策，优化企业发展的外在环境，为企业的健康发展营造良好的环境。比如，在电动汽车方面，我国动力电池关键技术、关键材料和产品研发与国外整体上维持在同一水平，车用电机与国际先进水平的距离并不大，是少数具有一定技术能力的行业。比如比亚迪的锂离子动力系统，科力远的镍离子动力系统，在全球范围内都处于领先地位。在生物技术上，我们在生物信息学、基因组学、蛋白质工程、生物芯片、干细胞等生命科学前沿领域具有比较高的水准，一大批生物技术成果有的已经申请了专利，有的已经进入了临床阶段，有的已经处于规模生产的前期阶段。我国物联网在技术研发、标准制定和应用示范等领域均处于世界领先水平，在一系列关键技术上取得了重大突破，在国际标准制定中处于领先地位。

三、高新区作为新兴产业载体功能日趋完备

高新区具有良好的制度、政策和服务环境，建立起了从技术研发、技术转移、企业孵化到产业集聚、集群的一整套企业创新和产业培育体系，并探索出了培育成长型企业和产业集群的有效模式，从而成为我国战略性新兴产业不断涌现的发源地。在高新技术产业开发区，企业创新资源持续地向高新技术产业开发

区集聚，同时高新技术产业开发区的科研力量和研发投入也非常集中。到 2021 年末，全国共有 2412 个新的研发机构，较上年同期增加了 12.71%，员工总数为 22.18 万，其中研发人员占 64.60%；2021 年，全国新的研究开发机构的平均研究开发强度达到了 35.96%，完成了 3.5 万个研究课题，实现了技术收入 501.26 亿元。

四、产业基础设施正在逐步发展完善

战略性新兴行业的发展离不开核心技术的研发和储备。我国政府高瞻远瞩，在很多领域，技术研究和开发和国外的差距非常小，甚至可以说是同步，甚至在某些领域，我们还取得了领先优势。新能源行业已经形成了一个具有一定规模和相对完善的体系。太阳能电池的生产规模是全球最大的；我国太阳能硅材的自给率已达 25%；全世界每年有超过一半的太阳能热水器产自中国；国内及合资风力发电企业的产品装机容量已经超过了国外公司，并具备每年 6 ~ 8 台核电装备的产能；在智能物流、交通、智能电网、安全、环境监测等诸多领域发展迅速。当前，中国移动已建成全球规模最大的 IPv6 网络，并已基本形成了一条完整的产业链。

新技术、新产品的推广应用及产业化是发展战略性新兴产业必不可少的步骤。在政策导向和示范性项目的推动下，我国的自主创新已经走在了产业化、市场化和规模化的前列。

五、我国具备发展新兴产业的较好资源条件

在我国，新能源行业已经形成了一个具有一定规模和相对完善的体系。在资源方面，我们有很好的发展战略性新兴行业的比较优势。比如说，在生物工业领域，我们的生物资源在全球是最丰富的，有 26 万种左右，药用动植物资源有 12800 种左右，并且我们已经收集到了 32 万个作物种质资源，建立了珍贵的人类遗传资源，还建立了全球最大的作物种质资源库和亚洲最大的微生物资源库，等等。总体而言，发展战略性新兴产业的技术基础和产业基础已经比较稳固，拥有

良好的资源和良好的政策环境，还有很大的市场需求空间，这些都奠定了战略性新兴产业加速发展的基础。

从技术方面来看，许多战略性新兴产业已非常接近先进国家，在某些方面表现出了同等优势，并且在部分领域已经取得了领先地位，比如电动汽车、生物科技、物联网等。从产业的角度看，产业的发展和工业化的水平得到了很大的提升，对资源的开发和应用也取得了很大的进步。

六、创新基金对中小企业技术创新的支持作用不断增强

最具有创新活力和竞争力的科技型中小企业，是国家发展战略性新兴产业、加速结构调整、引领新一轮经济腾飞的先锋。"国家科技创新专项基金"是国际上第一批专项基金，其已经走过了十余年的历程。该基金以对初创期和成长早期企业的技术创新产品开发为突破口，帮助中小企业迈过创新发展的初创期，有效地缓解了科技型中小企业的融资难题，促进了新兴产业和高新技术产业的快速成长。创新基金为我国中小企业技术创新提供了一种具有中国特色的政府对中小企业技术创新的有效支撑模式与机制，并在此过程中贯彻了国家意志与国家战略，不断创新支持方式，探索建立全方位的支持体系。总的来说，我们有很好的基础，也有很好的条件来把握这一机遇，实现战略性新兴产业的跨越式发展。具体来说，主要表现在三方面：一是我们国家经历了40余年的迅速发展，在经济和技术上都有了很大的进步，拥有了比较坚实的基础；二是国家拥有大量的高科技人才，在节能环保、医疗保健、信息网络等领域，有很大的国内市场需求，这将给国家战略性新兴行业的迅速发展带来很大的市场空间。三是战略性新兴行业的发展已形成规模，并已接近世界先进水平。所以，如果我们采取适当的国家支持政策，未来战略性新兴行业的发展必将取得巨大的突破。

第三章

我国战略性新兴产业多维发展模式的探索

第一节　产业集群式发展模式

产业集群（Industrial Cluster）指的是在特定的区域中，具有竞争与合作的关系，并且在地理上集中，由相互关联的企业、专业化供应商、服务供应商、金融机构、相关产业的厂商及其他相关机构等构成的群体。产业集群跨越了传统的产业范畴，在一定地域范围内，形成了多个产业相互融合、多种类型机构相互关联的共生体系，从而形成具有该地域特征的竞争优势。产业集群作为一种较高层次的产业发展形态，可以通过技术优势来改变生产函数，从而对经济发展、产业结构演化起到有力的推动和带动作用。产业集群是衡量一个国家或该国家某一地区经济发展水平的一项重要指标。

亚当·斯密的分工理论中，认为分工有着各种各样的功能和作用。他特别强调，分工是提高劳动生产率、增加国民财富的重要手段，也是促使一个国家或民族变得富有和文明的重要动力，还是价值和剩余价值的来源。企业间的分工，也就是企业之间的劳动和生产的专业化，正是这种分工方式，才产生了企业集群和产业集群，也正是由于这样的分工，产业集群才会拥有单一企业或者整个市场所不具备的效率优势，产业集群在保证分工与专业化效率的同时，还可以进一步深化分工与专业化，进而推动产业集群的发展。

熊彼特的技术创新理论认为，在不同行业中，由于技术创新和传播，会导致大量的企业在不同行业中以不同的方式聚集在一起，从而形成不同行业的集群。

首先，第一次创新是非常困难的，一旦打破了这个门槛，就会给后来的人带来灵感，包括理念、知识、自信和行动；其次，创新是一个学习的过程，第一次创新所得到的失败教训和成功经验，都会使后来者少走弯路，从而更快地实现创新，并快速获得超过社会平均利润的能力。基于上述两个方面的经验认知，企业更易获得创新，客观上会导致企业趋之若鹜，从而形成了企业技术创新集群现象。历史上，相似的事例很多，例如，因为合成材料的化学性质相似，一个企业的第一次创新，必然会提高第二次创新的概率。在计算机出现之后，出现了许多次的产品革新和换代，这都是集群的功劳。

近几年，随着经济全球化的发展，产业集群已经成为一种值得关注的区域经济发展模式，也是一种产业发展的重要组织形式，它已经越来越多地受到了相关国际组织和许多国家以及地方政府的关注。

在战略性新兴行业中，以中小企业为主，要想降低发展成本，实现发展资源共享，形成规模效应，集群发展模式是一种较有利的选择。在产业集群发展中，一般都会选择建立高新技术园区、高新技术企业孵化器，但是人为介入的特征较强；迈克尔·波特（Michael E.Porter）的"钻石模型"指出，一国某一产业的竞争力取决于生产要素、需求条件、相关产业、支持产业这四个因素，以及企业的战略、结构、竞争对手的表现。此外，在四大要素之外还存在两大变数：政府与机会。为此，应遵循产业发展规律，寻求发展机会，在适当条件下，跨区域建立战略性新兴产业集群更符合发展规律，也能够体现战略性新兴产业发展潜力大具有广泛市场前景的本质特征。

在战略性新兴产业刚刚起步的时候，往往会出现大量的企业进入和退出，而通过集群发展，可以削弱行业不稳定对企业造成的冲击，也可以发挥出企业的潜在优势，从而形成集群效应，同时还可以充分利用企业的基础设施，实现企业的信息共享，提高企业的创新能力。此外，集群还会对新创企业的进入、成长起到积极作用。一方面，创新氛围好，竞争激烈，本地支持系统健全，为新企业的引入提供了竞争优势；另一方面，地域集中及较好的外部环境，既能促进行业新人的产生，又能促进已有企业的成长与规模扩大。一旦形成了一个产业集群，不但吸引到的企业会在当地扎根，也会有许多新的企业在当地繁衍壮大。由于在集群内部已经形成了一个较为完备的产业链系统，使企业能够在集群内部"落地生根"，从而成为产业链利益的一方。只有当产业链整体发生了变化时，企业才会考虑向外搬迁。

战略性新兴行业是一个国家经济发展的重要组成部分。从一个国家的层面来看，我国已经开始制订战略性新兴行业的发展计划，并将其列入"十四五"期间的优先发展目标；在区域层次上，各地政府纷纷出台了鼓励、扶持和优惠政策，在国家规划的框架下，寻找适合当地发展的战略性新兴产业，争取获得先机。产业集群的载体主要包括对工业园区和科技园区进行构建，将集群的优势进行整合，并对各种政策措施进行贯彻落实，为战略性新兴产业的发展发挥保驾护航的作用，同时也为战略性新兴产业的进一步成长与发展奠定了一个良好的基础，这对培育新的主导产业和新的增长点有很大的帮助。

最初，产业集群模式主要用于比较传统的制造业，现在，各类新兴产业的培育也逐渐采用了集群的发展方式。美国硅谷是全球最有创意、最有创造力的高科技产业群。硅谷是美国最大的生物科技和信息技术产业集群，形成了20世纪美国最大的两个战略性新兴行业；日本筑波科学城，聚集了日本最顶尖的生物技术公司；芬兰的赫尔辛基，中国台湾地区的新竹，印度的班加罗尔，北京的中关村，都是新兴产业集群的代表。

"硅谷模式"的集群发展，其突出特征就是以高校和研究院所为核心，把研究和生产有机地结合起来，把研究成果快速地变成产品或商品，从而形成一个高科技产业集群。这是现代高科技产业发展的一条成功之路。在战略性新兴产业中，应该积极地采用集群式的发展方式，充分发挥政府政策的导向作用，对战略性新兴产业进行整体规划，创造出一个区域战略性新兴产业发展的集聚因子，从而形成一种战略性新兴产业的集群式发展模式。

第二节 传统产业转变型发展模式

传统产业指的是使用传统技术来进行生产和服务的产业，与信息产业、新材料产业等新兴产业相比，它是一种具有很长发展历史的产业集群，生产技术已经基本成熟，在经历了高速增长之后，它的发展速度开始放缓，在国民经济中的贡献度逐渐降低，而且其资源利用率和环保水平一般都比较低。在我国，传统产业主要指的是在工业化初期发展起来的一系列产业群，这些产业群主要包括钢铁、煤炭、电力、建筑、汽车、纺织、轻工、造船等工业。

美国的研究者们打破了人们对于传统行业的常规理解，他们将纺织行业视为传统行业，但同时也是一种相对于传统行业而言的新兴高科技行业，传统产业和新兴产业是相互融合，相互交织，共同发展的。迈克尔·波特提出更加新颖的观点，在发展高新技术产业时，传统产业才是关键。达拉斯（Dallas）也明确提出，中国政府应该充分利用传统产业的历史优势，立足于传统产业，以高科技工业为主导，推动经济转型，从而更好地推动社会和经济的发展。

中国学者们也做了很多关于新兴产业和传统产业之间关系的研究。厉以宁指出，在我国，若不能将高科技产业融入传统产业，那么，我国的高科技产业和传统产业的发展都将困难重重，难以取得新的成就；辜胜阻认为，要发展高科技，必须坚持"高科技产业化"和"传统产业高新化"两个主要方向，尤其是在中国工业化还没有完全实现的情况下，更应将"传统产业高新化"作为优先发展的目标；韩小明对我国传统产业的发展状况，尤其是出口与发达国家之间的差距进行了分析，提出了一种"跨越论"，即新兴产业是国民经济的发展方向，是国民经济发展的主战场，同时也是国民经济和社会发展的重要组成部分，这就要求在一定的条件下，适度地舍弃传统产业，在新兴产业中实现全面的跨越。

以上学者的研究成果表明，战略性新兴产业的兴起和发展与传统产业的发展是息息相关的，它们是相互交融、彼此交织、共同发展的关系。为此，研究者们找到了清晰的理论依据，为传统产业转变型发展模式奠定了新的理论基础。

随着改革开放的深入，中国的劳动密集型产业逐渐成为国际市场上最大的竞争优势，同时，作为资本密集型行业的重化工业也得到了较大的发展。在相当长的时间内，中国的经济发展仍然以传统产业为主，走出国门的也主要是传统产业。虽然，在国际和国内经济形势发生巨大变化的情况下，传统产业受到了巨大的冲击，但是，传统产业仍有广阔的发展空间。传统产业生产与人民生活密切相关的商品。随着人民收入水平的持续提升，和政府扩大内需政策的持续实施，将为传统产业带来无数的市场机遇，而这些传统产业也将为数以百万计的人提供就业岗位。因此，只有"朝阳"的产品、朝阳技术，没有朝阳产业。只要处于传统产业中的企业能为消费者提供高质量的产品与服务，满足消费者对各个细分市场的需要，它们就有存在与成长的空间，传统产业仍将有稳中求进的发展，也是经济建设中不可或缺的重要组成部分。正是因为传统产业有存在的市场和客观要求，才留给我们改良的机会。

在熊彼特看来，"创新即创造性毁灭"是一种最基本的概念。新科技取代老科技，新企业淘汰旧企业，新产业淘汰旧产业，朝阳产业淘汰夕阳工业，这就是"创造性毁灭"。在新一轮的工业革命中，传统产业要避免被淘汰的命运，就必须进行创新，从毁灭中获得新生。发展战略性新兴产业，并不意味着彻底否认传统产业，而只是促进了产业发展方式的转变与升级。发展形态的高端化，就是从粗放式的发展向集约式的发展转变，运用新技术对生产过程进行改造，使其向高附加值、高技术密集型和低污染的方向发展，最终成为一个新兴的产业。利用新技术对传统产业进行升级改造，使其向战略性新兴产业转变。比如，从冶炼石油到生物能源的转变，从重化工产业向新能源和新材料产业的转变和升级。

战略性新兴行业必须融入传统产业中去。战略性新兴行业的发展不能仅仅停留在美好的构想上，而是要有一定的产业基础。这就是对传统产业的一种改造与升级；而战略性新兴行业的发展，也不能仅限于对传统产业进行升级与提升。战略性新兴行业的发展并非简单地抛弃既有产业，而要实现对既有产业的改造与升级，同样需要通过技术与产业的创新来实现。使用新技术，不但能够提升其产品的技术含量，增加其附加值，还能够创造新的需求，推动产业的优化升级。此外，传统产业也能够通过创新，进入新兴产业的行列中，例如，汽车产业生产采用新能源或新动力设备。

在此背景下，传统制造业开始向服务型制造业转变，并且传统制造业也在新兴的产业链条中不断延伸。以制造业为基础，加快发展生产性服务业，比如现代物流、服务外包、文化创意产业等，持续提升服务业的比重，将研发设计和品牌营销这两个环节进行扩展和延伸，从而形成品牌效应，提升产品附加值，并运用新的商业模式进行推广。

战略性新兴产业的产业链在一定程度上需要依靠传统产业的制造或生产能力，因此，传统产业应该首先在新兴产业价值链的上游或者是新的生产环节获得优势，将传统产业与新兴产业的有效融合作为发展战略性新兴产业的切入点。与此同时，单纯的产品和产品的利润率也在不断下降，而高附加值的服务则在不断增加。服务型制造企业是一种以制造产品为核心，以服务和产品为中心的专业化服务行为。服务型生产是一种新型的生产模式，它将生产和服务有机地结合在一起。服务型生产不仅为顾客提供了一种产品，而且为顾客提供了一种以此为基础的服务，或者是一种完整的解决方案。从传统的劳动力密集型企业向知识密集型和服务密集型企业转变的过程中，传统的制造业向服务型企业的转变，将会使产业结构得到优化，并使产品的竞争力发生变化。传统制造企业向服务型制造企业转型的过程中，将会演变成新兴产业。例如，汽车制造业向能源汽车、环保汽车研发和生产转型。又比如，装备制造业向新能源的装备制造转型，电子信息产业向软件服务业和动画产业转型，动画产业演变发展为战略性新兴产业。

互联网是一种渗透性很强的因素，虽然其不能直接创造生产力，但是已经融入了各个行业，加快了传统产业的转型升级。互联网对传统产业的渗透，其本质是传统产业对互联网的需求。互联网是一个技术的平台，一个底层的架构，它的出现源于人们对网络的安全性的需要，但最终在经济领域中发挥了巨大的作用。传统经济正在向网络经济转变，从而形成了互联网经济。互联网已经渗透进了各个行业，并且迅速地与其融合在一起。所以，以互联网为代表的连接型技术也渐渐地渗透到了各个行业之中，从而导致了一场以融合为特征的信息革命。比如，广电、银行、电信、家居、教育、彩票、汽车、房产、零售业等都在加快转型触网，将战略融合、模式创新作为其工作重心，呈现出生产方式驱动的特征，并将核心业务作为线上线下结合的切入点。互联网一旦与传统产业融合，传统产业就有了新生和重生的可能。

从目前的经济形势看，中国的战略性新兴行业不仅为传统产业的升级提供了强有力的技术支持，而且为现代经济的发展带来了新的契机。中国装备制造业和装配业因其在传统产业链和新兴产业链上具有较强的衔接优势，具有较强的发展潜力，为传统产业转型升级奠定了坚实的实践基础。随着清洁能源、低碳环保、信息技术等新型工业的持续深入，将促进传统产业与新兴产业的深度融合，促进传统产业向高端产业和现代产业的快速转变，进而提高中国产业的综合国际竞争力。在一定程度上，虽然传统产业仍然具有竞争优势，但是，它们在全球产业链中的低端位置却是不可否认的。为了更好地适应新的经济环境，传统产业需要借助新的技术来提高其动态竞争力，并在最短的时间内完成行业内部的优化和升级。

在劳动力、资源、环境等内外因素日益制约中国经济可持续发展的背景下，以经济结构调整、内需驱动、产业升级为导向的经济转型，已成为全社会共同关注的问题。战略性新兴行业是我国经济发展的重要组成部分。战略性新兴行业的发展，不仅能够引导未来产业走向，持续提高我国的自主创新能力，建设创新型国家，提高中国企业的国际竞争力，更重要的是，根据中国企业的实际情况，战略性新兴行业对传统产业的"渗透效应"，对传统产业的生产方式产生巨大的影响，并不亚于产业之间的转换与升级。推动传统产业升级、转型，为战略性新兴产业的发展，寻找到了实践的内容，而战略性新兴产业的发展又为传统产业的升级、转型提供了新的突破口。传统的转型发展方式是一种生机勃勃的战略性新兴行业发展方式，它将为战略性新兴行业的发展提供鲜活的内涵，并为其发展提供一条自然繁荣的道路。

正确处理战略性新兴行业与传统产业之间的关系，既要促进新兴产业的发展，又要促进传统产业的转型。战略性新兴产业与传统产业都是国民经济中的重要部分，发展战略性新兴产业不能忽略传统产业的发展，而是要把二者结合在一起，形成一个系统的合力，实现二者有效的衔接，互相促进，共同发展。一方面，通过积极地实施战略性新兴产业发展计划，加速信息化与产业化的融合，借助高新技术和先进实用技术，对传统产业进行改造和升级，从而推动传统产业持续地向产业价值链的高端迈进。另一方面，战略性新兴产业一般是从传统产业中衍生出来的，而传统产业又是新兴产业发展的基石，因此，要想培育与发展战略性新兴产业，就必须依靠传统产业。因此，在推动这两个行业共同发展的同时，既要注意推动新技术在行业中的应用与扩散，又要注意推动传统产业的高技术化进程，充分利用高科技在推动传统行业升级中的优势。

第三节　政府引导型发展模式

要以科学的方式引导企业进行转型升级。目前，政府对企业进行了技术改造，在产品研发、金融支持、财政税收、品牌创建、专利申请、亩产提高等方面，对企业进行了适当的经济补贴和激励。战略性新兴行业的发展，需要政府给予更多的扶持和更好的引导。战略性与导向性有着密切的联系，导向性是战略性新兴行业的一个重要特点。目前，我国的战略性新兴行业还处在发展阶段，处于萌芽时期，这就要求国家给予更多的支持。那么，如何建立起一个以政府为主导的机制，促进战略性新兴行业的发展呢？一是强化规划引导，根据国家的要求，制订一份全国范围内的中长期规划，引导各个地区、各个行业，选择并发展战略性新兴产业，避免出现过度宣传和无序竞争的情况。二是强化政策导向，充分发挥"看不见的手"的作用，研究制定支持战略性新兴行业发展的各种政策，用清晰的信号引导企业和社会的行动，引导资金投入、人才聚集、技术开发等。战略性新兴行业具有知识密集型和高收益性的特点，但也具有高投入和高风险的特点。要推动战略性新兴产业的健康发展，需要政府积极参与，并根据其自身特点，加强政策扶持，引导全社会的资金投入。建议要加强对战略性新兴产业发展的规划工作，对战略性新兴产业的结构方向、空间布局和发展时间进行统筹更好地与国家发展战略相结合，发挥出协同效应。与此同时，要充分发挥战略性新兴产业重大项目的带动作用，强化对重点项目和企业的落实与实施，支持重大产业科技攻关、技术创新和产业化，持续组织实施新能源、新材料、生物技术、信息技术等新兴领域的重大产业化项目，谋划和培育一批对产业整体水平和产业链有重要影响的大项目，强化对在建项目的建设和管理，培育和完善战略性新兴产业体系。

应加强政策支持，使市场调节和政府引导共同起作用。战略性新兴行业的培育与发展，既要重视市场的功能，又要重视政府的功能。市场是资源配置的基础，运用市场的供需关系、价值关系和竞争关系，以利益诱导、资源约束与市场约束"倒逼"技术创新行为，是推动我国战略性新兴行业迅速发展的重要手段。然而，在这种情况下，由于出现了市场失灵的现象，而新兴行业又处于起步阶段，往往是相对较弱的行业，这就要求政府对其进行资金支持或补偿。要充分发挥政府在公共资源配置中的导向作用，利用财税、金融等政策性工具，对社会资源进行合理的配置，营造出一个有利于战略性新兴产业发展的良好环境。

在财税方面，应健全税收优惠政策。目前，我国财政政策对地方战略性新兴行业的支持力度不足。自 1985 年《中共中央关于科学技术体制改革的决定》发布后，为适应国家不同阶段的产业发展战略，先后出台了一系列创新型税收优惠政策，但是，相对于创新型企业而言，其激励效应还不够明显，当前仍存在着不利于企业自主创新的税制环境，尚无相应的战略性新兴产业税收优惠制度，从而影响了社会资金投入的积极性。

从国际上看，世界上主要国家在战略性产业发展的早期阶段，都会对其实行一定的税收优惠政策。主要表现为：激励风险投资的税收政策，激励企业研发的税收政策，提高成果实现的税收政策，加速市场推广的税收政策，促进产研联合的税收政策，以及培养和引进人才的税收政策等。例如，在投资风险较大的美国，在税收政策的执行过程中，更加注重私人风险投资，因为他们针对不同类型的人，制定了不同的优惠方式，通过这样的激励税收政策，促进新兴产业的快速发展。1973 年以后，日本开始将本国的发展重心转移到基础产业上，并制定了一套针对自主创新企业的税收优惠政策。英国的税收政策以企业的技术研究为主，企业可以从税前收入中支付技术研究的费用，进行更多的投资，从而推动企业的技术创新。税收在推动经济增长中有着无可取代的地位，因此，强化政府的引导作用，并在此基础上，借鉴国外先进国家的税收优惠政策，对优化我国现有的税制结构、推动战略性新兴行业的发展具有重要的意义。

金融支持方面，资金支撑不足。战略性新兴行业的培育和发展，离不开资金的巨大投入，而我国至今还没有一套完整的、具体的投资和融资政策。战略性新兴行业是一个高风险、不稳定的行业，很多企业对研发的投资是有限的。目前，商业银行的风险投资体系还不健全，对新兴产业及企业的认识还不够深入，因此，与之相关联的新兴产业企业，在融资过程中也遇到了很大的困难，这势必会造成企业的融资渠道相对较窄，从而限制了企业的进一步发展，进而对高科技成果的孵化和产业化造成严重的影响。为此，应加大财政、金融支持的力度，使政府资金在发展战略性新兴行业中起到重要的引导作用。中央和地方财政要积极支持与战略性新兴产业有关的技术开发，加大对技术开发和改造的支持力度，加快推动金融产品和服务方式的创新，积极拓宽融资渠道，支持符合上市条件的战略性新兴产业的相关企业进行上市融资。加快建立场外证券交易市场，以适应处于不同发展阶段的新企业的发展需求。充分利用计划和市场两个机制，利用政府资金和社会资本两种资源，促进战略性新兴产业的快速发展。

在发展低碳经济的过程中，应遵循"低碳"和"生态"的原则。以"三低"（低能耗、低污染、低排放）和"三高"（高效能、高效率、高效益）为特点的低碳经济得到了世界各国的普遍重视，实现低碳乃至零碳将是今后世界经济发展的必然趋势。为此，需要政府进行适当的指导，选择具有高清洁度、高效率的战略性新兴产业，尽量向"零排放""密封式"发展，以最小能耗获得最高的收益，并最大限度地保护环境。

在政府行政力量的主导下，应该大力发展清洁能源，保护环境以应对气候变化，实现能源资源多元化，提高汽车燃料效率，实现节能、节约成本。当前，我国新能源发展的政策体系还不完善，有关政策间协调性不足，也没有建立起一套行之有效的长效机制。政府补贴、融资政策、税收倾斜等一系列与新能源产业发展相关的政策还没有出台，而目前新能源产业的产出因为经济效益过低，也影响了人们对新能源的投资热情。为此，有必要建立健全我国新能源产业发展的政策体系。国家应制定并健全相关的政策法规，促进新能源产业的发展。新能源行业才刚刚开始，整体规模还很小，利润空间也很小，因此，国家对新能源行业的支持和引导就显得尤为重要。应制定有利于新能源发展的政策，并结合我国目前发展新能源的目标规划、技术类型、特点和盈利能力，对相关政策进行研究。在此基础上，建立起一个健全的市场秩序，以促进新能源产业的长远发展。

第四节　微笑曲线发展模式

1992 年，中国台湾宏碁集团创始人施振荣提出了著名的"微笑曲线"（Smiling Curve）理论，并将其作为"再造宏碁"的战略指导。他用一条张开向上的弧线，描述电脑生产过程中不同环节附加值的分布情况，因为这条弧线的形状像是一张笑脸而被称作"微笑曲线"。"微笑曲线"的出现，源于国际分工从产品分工到要素分工的转变，即在全球范围内，所有参加国际分工的企业，在最终产品的形成过程中，都只完成其中的某一工作环节。经过二十余年的发展，施振荣对"微笑曲线"进行了修改，提出了施氏"产业微笑曲线"，并将其做为中国台湾各行业中长期发展战略的指导方针。"微笑曲线"的出现与发展引起了各行业的高度重视，并得到了世界的普遍认可。

"微笑曲线"，两端朝上，在产业链中，附加值更多地体现在两端，也就是设计和销售环节，处于中间环节的制造业附加值最低。这条"微笑曲线"的中间部分，代表着生产；左侧代表着研发，指的是全球市场的竞争；右侧代表市场，指的是当地的市场竞争。研发和营销的目的是要在左侧加强研发以创造知识财产权，在右侧加强以客户为导向的营销与服务。因此，这条"微笑曲线"包含了两个关键点，一是能够发现附加值所在；二是与竞争的形态有关。"微笑曲线"理论具体如图 3-1 所示。

战略性新兴产业发展的"1+N 微笑曲线"模式。"1"是高端、高附加值的产业；"N"是低端、低附加值的产业。"1"有高端、高尚、高科技之意。"1"与"N"的交融便成为互惠互利的"微笑曲线"。据经济学家研究发现，美国硅谷、中亚硅谷（地处深圳，由中亚集团与深圳市沙井星岗股份合作公司合作开发）、印度硅谷、日本筑波、北京中关村等虽然是传统高新技术产业中心，但从现在的产业视角看，这些高新技术产业有很大一部分演变成为战略性新兴产业，或为战略性新兴产业奠定了雄厚的发展基础。纵观这些地区的成功，它们基本上都是遵循着"微笑曲线"的发展规律，可以将其归纳为"1+N 微笑曲线"发展模式。这些地区基本都是由一个"服务业集群"和几个"制造基地"组成，并按一条"微笑曲线"

进行空间分布，从而使地区间的分工更加合理。如图 3-2 所示。

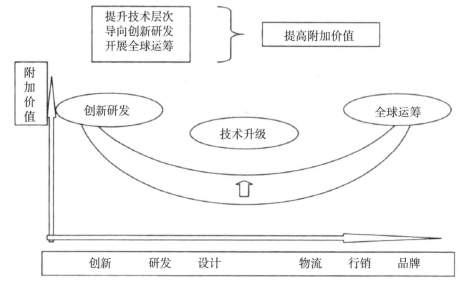

图 3-1 "微笑曲线"理论

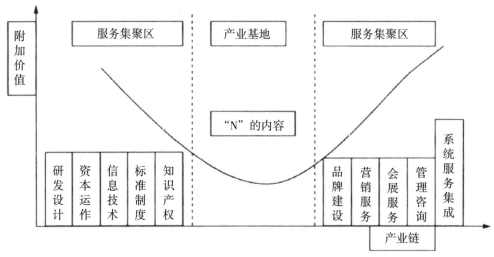

图 3-2   战略性新兴产业的微笑曲线发展模式

"服务业集聚区"，即"1"，位于整个行业价值链的最顶端，在"微笑曲线"的两端，主要包括前端的研发、设计、标准、资本、产权、信息、人才，以及后端的品牌、服务、市场、会展、系统服务集成等内容。不管是硅谷，还是筑波，或是中关村，如今几乎已经不存在制造业，而是在产业链的最顶端，作为企业的总部，或主要从事高端的服务。服务业集群因其高端产业链完备、附加价值高，不会受到产业迁移的冲击，并表现出不会随着产业迁移而迁移的高稳定特性，即硅谷不会迁移到中国，中关村不会迁移到西方。

而作为"N"的"生产基地"，则在"微笑曲线"的中部，位于服务业集群的底端，且与其所在的产业集群有明显的分散性，并在持续地向低成本地区迁移，表现出一定的流动性。

用施正荣的话来说，这条"微笑曲线"实际上是一条"附加值的曲线"。高科技产业中，技术研究与开发、关键元件制造、加工与装配、销售与品牌化、售后服务是高科技产业发展的重要环节。因为世界上各个国家的经济发展水平以及技术发展的阶段存在着差异，所以在高科技产业的价值链上，就会产生一种全球分工，而发达国家通常处于分工的上、下游，他们会投入大量的资金，对关键技术、零部件进行研发，并控制其销售渠道以及售后服务市场，从而获得较高的利润。而处于价值链中段的加工装配环节，因为技术密集程度较低，且利润较低，发达国家通常会通过委托加工的方式，将其转移到劳动力成本较低的发展中国家来进行生产。所以，要使我国的高新技术产业走出"微笑曲线"的低谷，就必须走出这条"弯道"。

由"微笑曲线"模型可以看出，在产业价值链中，各环节的附加值存在着差异，呈现出两头高，中间低的特点，并且中间环节的竞争力在不断增强，企业的利润率在不断下降；我国高科技产业要实现由"微笑曲线"底部向两端的转变，就需要做出相应的调整。在全球制造业向亚太地区集中的背景下，中国已成了吸引外资、接受高科技产业转移的主要场所，高科技行业的跨国企业，如信息技术、生物医药等，都开始加速在中国投资；为迅速占据中国市场，外资企业或跨国企业纷纷将自己的产业技术、专利技术输出到中国，或者在中国建立研发中心，以提高自身的竞争力。我国高技术产业必须牢牢把握此次产业转移的机会，不断提升自身的技术实力和服务质量，尽早形成我国独立完整的高技术产业价值链。

在新兴产业中，要发挥其市场优势，打破"微笑曲线"的束缚，在全球范围内获得领先地位。我国的市场有着巨大的发展潜力，尤其是在低端市场和农村市场，既有众多的潜在需求者，也有丰富的黏性信息，具备为颠覆式创新培育发展土壤的条件。例如，比亚迪、中集、华为、爱国者、天宇朗通、西门子、GE 等跨国企业，已经把中国市场看作它们颠覆创新业务的主要孵化基地。西门子（中国）公司于 2006 年启动了一项由上至下的 SMART 策略，旨在推出一系列简单实用，易于维护，价格合理，可以及时上市的 SMART 产品。通用电气在 6 年内，投入 30 亿美元，研发出至少 100 种更便宜、更方便、更高品质的新型健康护理产品。显然，本地市场能够为发展中国家的创新提供更多的有利条件，并且通过出口或是对外直接投资等渠道，可以实现盈利。

像中国和印度这样的发展中国家，拥有巨大的内部需求潜力，完全可以像 20 世纪初期美国福特和通用电气那样，通过满足自身的需求，实现规模经济，快速发展产业，打破"微笑曲线"的束缚。

美国硅谷的第一个工厂，就在硅谷之内，但不久就转移到新加坡、日本、韩国、中国台湾，在这些地方，由于土地和人力费用的增加，又渐渐移到中国、印度，再移到其他地方，如越南、柬埔寨等。中关村最初是以贸易、研究、会展等服务业为主，随后又引进了一些制造业，但不久之后，中关村的制造业就逐渐淡出。目前，中关村已超越了传统中关村的范畴，呈现出"一区十园"的发展模式。海淀区老中关村为核心区；"十园"指的是北京丰台、昌平、通州和大兴等地。苏州工业园区以总部经济为依托，形成了"一区八基地"的产业格局，即总部经济区和八个国家级科技成果转化基地。上海张江高科已形成"一区九个基地"的发展模式，并且都在寻求将生产基地向国内其他地方转移或外包出去。但是，始终不会改变的是，核心发展区，它是这些基地的企业总部和产业服务平台的集中区，它的主要业务在价值链高端的研发、设计、标准、资本、产权、信息、人才、品牌、服务、营销、会展、系统服务集成等方面。

"战略性新兴产业服务集中发展区"侧重于在战略性新兴企业总部、研发、营销、信息、管理及金融、法律服务体系等核心功能方面进行布局，并与服务 N 个专业基地与战略性新兴产业的发展相匹配，作为其核心工作。"微笑曲线"和"1+N 微笑曲线"将成为战略性新兴产业发展布局的一种形态，这种"微笑曲线"发展模式的成功也将为战略性新兴产业的发展注入活力。

第五节　科技与金融融合发展模式

　　科技金融属于产业金融的范畴，主要是指科技产业与金融产业的融合。"科技金融"这一术语在现实生活中已经被广泛使用，赵昌文先生在《科技金融》中认为，科技金融是一套系统性的、创新性的金融工具、金融制度、金融政策、金融服务，包括政府、企业、市场、社会中介等，是我国科技创新和金融体系的重要组成部分。科技金融指的是将科技知识和技术发明，通过创业者，转化为商业活动的融资行为，是科技被金融资本孵化成一种财富创造工具的过程。科技型中小企业与金融型中小企业的结合，本质上就是科技型中小企业的融资活动。

　　经济要靠科学技术来促进，科学技术要发展，必须有强大的金融支持。战略性新兴行业的融资制度建设，是一个包括技术资本、产业资本、金融资本在内的多种资本形式与要素互动融合的过程。在世界范围内，科技革命和金融创新是相互促进、彼此支持的"双翼"。战略性新兴行业的发展需要科技融资与技术创新的协同作用。这种耦合关系是一种互相作用、互相促进、互相渗透、互相制约的关系，它们在成果转化的过程中可以起到互补的作用，从而产生一种合力，对战略性新兴产业的健康发展起到积极的推动作用。具体如图3-3所示。

　　科学技术是第一生产力，而金融是现代经济的命脉。科技金融是对创新经济起到催化作用的"第一推动力"，也是培育战略性新兴产业的"第一推动力"，它可以更好地促进科技成果转化。然而，技术融资的滞后却阻碍了行业的发展。从当前的行业发展情况来看，科技金融的创新与发展已经远远落后于行业发展的需要，而在战略性新兴产业中，科研成果要想真正实现市场化，实现科技成果转化，在许多方面，最缺乏的就是资金。例如，研发资金的投入、银行资金如何进入这些需要成果转化的企业、如何把私人资金吸引到新兴产业和重大战略性产业上等。只有将科技创新与金融创新结合起来，才可以更好地促进科技成果转化，并推动战略性新兴产业的发展。

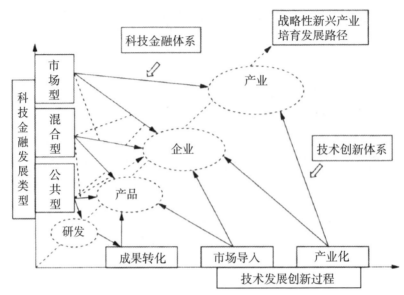

图 3-3　科技创新与科技金融耦合的关系

创新性是战略性新兴产业最为重要的特征，在推动战略性新兴产业发展的过程中，必须重视技术创新和金融创新双轮驱动战略。技术创新与金融创新，是支撑战略性新兴产业发展的两个轮子。战略性新兴行业的成熟度依赖于核心技术的掌握程度，缺乏核心技术的支持，将难以实现新兴产业的蓬勃发展。另外，战略性新兴产业具有高投入、高回报、高风险的特点，因此，必须利用金融创新，建立起一种风险分担机制和一种新型的融资机制，使新兴产业与金融资本形成良好的互动关系，使新兴产业的规模逐步扩大，并逐步提高它的产业层次。

第六节　核心技术开发与商业模式创新相结合的发展模式

商业模式，指的是企业价值创造的根本逻辑，也就是企业在特定的价值链或价值网络中，怎样为顾客提供一种完整的产品和服务，以及怎样获得利润。它包含了每个参与方，还有每个参与方可能获得的利益和对应的收入来源。其核心理念是创造价值。

"商业模式创新"（Business Model Innovation）已经成为我国企业发展的一个新热点。商业模式创新指的是企业价值创造的基本逻辑的改变，也就是将新的商业模式引入社会的生产体系中，并为顾客和自己创造价值。简单来说，商业模式的创新，就是用新的、高效的方法来盈利。新引入的商业模式，可能在组成要素上与现有的商业模式存在差异，也可能在要素间的关系或者是动态机制上与现有的商业模式存在差异。商业模式创新是一种新的创新形式，它以一种全新的方式向客户提供产品或服务，具有很好的绩效表现和盈利能力，能够为企业带来更持久的盈利能力和更大的独特竞争优势。

在未来几十年内，创新创业将成为国家经济和社会发展的主旋律，而商业模式创新将成为其最主要的表现形式，并将成为影响行业竞争格局的关键。商业模式创新是一种与技术创新同等重要的创新形式。商业模式创新的实践结果显示：其职能已从纯粹以盈利为首要目标的传统企业转变为主体的改造，

商业模式创新拓展和逼迫到社会企业、非政府组织和政府部门的改良和创新。商业模式创新，无时无刻不在激发人们的创业热情，激发人们改造传统创新未来的意志，在社会上兴起一股以创新求生存的社会风气，从而催生新兴产业。商业模式创新在我国改革中的地位也将更加重要了，也是竞争和发展的需要。

战略性新兴行业不仅具有与传统行业不同的技术特征，而且具有与传统行业完全不同的商业模式，其创新不仅需要技术创新，更需要技术和商业模式的融合。比如，1769 年，法国人军官尼古拉斯·古诺（Nicolas Joseph Cugnot）发明了第一台蒸汽动力汽车，古诺希望将蒸汽机动力作为拉大炮车辆的牵引力，后来在他的不断改进下，蒸汽机驱动的汽车可以容纳 4 人，时速达到了 9000 米 / 时。1771 年，一种较大的蒸汽机被改良，它能载 45 吨的货物。但是，这种机器制造出来之后，法国政府对它的兴趣并不大，蒸汽机的发明在当时并不具有很高的商业价值。不过，随着汽车技术的引进，美国的工程师亨利·福特（Henry Ford）进行了改良。福特是第一个把流水线的理念付诸实践的人，他取得了很大的成功，从而使汽车在美国得到了广泛的应用。亨利·福特对原有的商业模式的突破，

造就了当时美国最负盛名的汽车公司。又例如，在现代的中国，企业商业模式的创新远胜于技术的创新。当网络经济陷入了低迷时，马云"B2B"的经营模式与陈天桥的"游戏"经营模式脱颖而出，并取得了巨大的成功。而这一切的成功，都源于新技术和商业模式创新的完美结合。

战略性新兴行业的发展离不开商业模式的创新。战略性新兴行业的基本特征决定了其与商业模式创新具有相辅相成、相互促进的内在关系。

一是战略性新兴行业要构建与之相适应的商业模式。目前，战略性新兴行业的技术路径还不清楚，但是，产业的形成离不开商业模式。首先，技术本身不具有经济意义，只有通过商业化的方式，才能产生真正的产业，并且在战略性新兴行业中，具有共性的技术也需要商业模式的支持。其次，新兴产业中的技术竞争非常激烈，主要表现为：新兴产业中的各种技术竞争，以及与其他产业中具有替代性的技术竞争。随着研发费用的增加，产品寿命周期的缩短，再先进的技术也要通过商业化来获取经济效益，因此，一个良好的商业模式对于企业来说，意义远大于灵感、技术本身。

二是战略性新兴行业的发展对商业模式的创新产生了巨大的推动作用，它将带动现有产业和企业的商业模式进行重组。技术创新，尤其是破坏性和激进性的创新，一定会引发一种比较彻底的商业模式的创新，这就是战略性新兴产业的突破的应有意义。如今，大家都相信，要想实现低碳产业的发展，就必须实现从清洁能源产品到消费者能源需求的完整能源产业商业模式的转变，这就要求有一种市场应用的策略，一种更便宜、更安全、更稳定的能源产品，以及更合适的政府政策等。

三是随着战略性新兴行业的发展，企业的经营方式也发生了变化。在金融危机之后，世界各地对新兴产业进行了新一轮的选择。这意味着，战略性新兴产业的市场和生产都要面向全球，要满足不同国家、不同生活习惯的人们的需求，毫无疑问，需要新的产品、新的服务，这就是商业模式创新的开端，与此同时，也对全球范围内产业的地理位置、产业链的全球分布等产生了新的影响。

四是通过商业模式的构建，可以加速战略性新兴行业的产业系统的形成，使已有行业的结构发生变化，并可能催生新行业。在战略性新兴行业中，商业模式是企业创新的源泉，也是企业创新的一部分。商业模式创新会创造新的市场，或在旧市场上获得新的机会，会引起其自身及其附属产品和服务的变化，并产生一些新兴的行业。

商业模式的创新需要新技术的支持，而技术与市场的融合又需要商业模式的创新，从技术的研究开发到"临阵一脚"为市场所接纳，商业模式就像一种"黏合剂"，将技术创新和市场创新胶合在一起，使企业的运作中既包含着技术，又包含着市场。这种"胶着"的过程，实际上就是将科技创新这个"有形的手"与市场创新这个"无形的手"结合在一起，也就是一个新兴产业培育、发展、壮大的过程。

第七节　战略性新兴产业"产学研合作"发展模式

"产学研合作"大战模式在战略性新兴产业中，指的是企业、科研院所和高校之间进行的一种合作，一般情况下，将企业作为技术需求者，以科研院所或高校为技术供给者，二者进行合作，其本质是推动技术创新所需要的各种生产要素的有效组合。高校的职能由培养人才、培育科研成果向为社会服务延伸，使高校与科技、经济相结合成为一种新的发展趋势。产学研合作同样指企业、高校及科研院所这三个技术创新主体要素，遵循"利益共享、风险共担、优势互补、共同发展"的原则，共同进行技术创新，逐渐实现"科研—产品—市场—科研"的良性循环。

产学研合作是一种独特的、混合性的跨组织关系，它是产学研双方从自身的利益出发进行的一种跨组织的合作，这对提升技术创新的效率有很大帮助。从国际上的产业发展和科技创新的趋势来看，从企业自主创新向产学研互动的转变，已经是一种普遍的技术创新趋势，也是一种推动科技与经济融合的有效方式。产学研合作能够有效地推进科技成果转化为生产力，它是区域创新体系和产业创新体系的重要组成部分，是促进全社会高端智力资源向企业高效流动并提升企业核心竞争力的途径，也是推动产业结构和空间布局优化，最终实现经济转型和建设创新型国家的重要手段。图 3-4 显示了产学研协同发展的关系曲线。

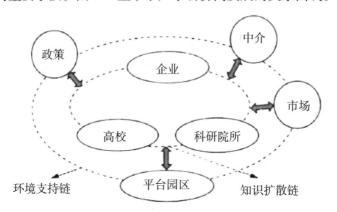

图 3-4　产学研合作发展关系

　　国外发达国家在发展战略性新兴产业上领先于我国，而且在探索战略性新兴产业产学研合作发展模式上，有着很多成功的经验，这为我国目前战略性新兴产业的发展提供了很好的借鉴。在美国，高新技术开发区是一种典型的战略性新兴产业集聚。随着时间的推移，美国的商业组织和政府机构，开始将高科技研发的实验室，建立在高校附近，这就是高科技的聚集地，也就是所谓的"高科技工业区"。美国"硅谷"的出现，让世人看到了"产学研"结合对创造财富的巨大力量。德国采取的是弗劳恩霍夫（Frannhofer）的联合经济模型。弗劳恩霍夫联合体在科研管理方面的一个特征就是，它与高校间有着紧密的关系，同时也通过签订合同为政府和产业界的用户提供服务，起到了桥梁的作用，努力在政府、企业、高校和研究机构之间建立起一种以共同利益为基础，以合约的形式互相约束的关系，并通过长期规划创造发展的机遇。弗劳恩霍夫公司在实践运用上取得了令人信服的成绩，因此在德国和全世界都享有很高的声望；英国采取的是政府推动的方式，在产学研结合的过程中，对知识的存储、转移和流动起到了巨大的促进作用。在科技园中，它对中小企业给予了政策上的支持，培育出了一大批充满活力的小科技企业，并使它们在前沿技术的所有领域都能发挥作用。日本采取的是"国立大学"的模式，它使国立大学的科研力量与企业的科技力量相结合，从而产生了卓越的科研成果。

当前，国际上许多国家都非常关注产学研合作对经济发展的重大战略意义和作用。对于战略性新兴产业而言，必须突出自主创新，加快构建以企业为主体，研发和投入不间断，以市场为导向，政府有力推动，产学研紧密结合的技术创新体系，由此，产学研发展模式就显得尤为重要。一方面，产学研合作为战略性新兴产业的形成与发展提供了一种良好的土壤，通过企业、高等院校与科研院所的联合，可以开发出很多战略性的、突破性的技术与产品，从而形成新的产业与市场。同时，随着我国战略性新兴行业的不断发展，高校和科研院所之间的关系日益密切。与此同时，新型的产学研合作并不只是从高校、科研机构向企业的技术知识的单向转移溢出，在此过程中产生的新知识、新技术，还有企业自身的知识，都在持续地向高校、科研机构转化。综上所述，战略性新兴产业的崛起，在很大程度上就是产学研合作的结果。这一结果反过来也培育并推动了产学研合作的发展，并进一步丰富了产学研合作的发展模式。

在现代管理理论中，组织变革是一个非常重要的问题。柔性组织是一种新的组织变革潮流。在世界各地，企业界和政府机构都在积极地进行着变革。新的组织形式通常是一种有弹性、有适应性、有反应能力的组织。我们可以将这种灵活的、有弹性的组织形式称为"柔性化"。所谓的柔性组织，指的是具有不断学习、开拓创新，系统地持续整合内外资源，对外部环境变化、市场机会等快速做出反应的能力。柔性组织是一种适应性强、灵活性强、创新性强、可学习性强的组织，是当今世界许多企业所追求的一种新型组织形式。

柔性化组织所蕴含的管理理念包括以下几方面。

一是组织边界网络化，组织结构是基于个体、群体、组织内各子系统间的动态协作，组织结构与外部环境的功能具有互补性，因此，组织结构应该是模糊的，"可渗透"的或是"半渗透"的。

二是管理层次的平面化，意味着要缩减组织结构的层次，扩大管理范围，精简冗余的人员，让组织的管理层次更加科学合理，让组织的运作更加灵活，最终实现管理的效率与效益的提升。

三是组织环境的全球化，在经济全球化发展的背景下，组织应该逐渐倾向于柔性化管理，从以往注重硬性的组织结构设计，逐渐转向注重对人力资源的合理利用和知识的开发应用等"软"的方面。

四是组织结构柔性化，即企业所具备的这种柔性管理能力越强，企业所具备的竞争优势也就越大。一方面，随着经济与社会的发展，企业在产品质量、功能与服务等方面的不断提高，企业的柔性可以快速响应；另一方面，柔性组织也可以抵抗某种程度的扰动与震动，并有快速复原的能力。企业之间的柔性使企业在面对一定的变革和冲击时，可以相互协作，协同应对。发展战略性新兴行业，其关键在于发展科技。要实现技术上的突破，就必须进行持续的创新，还要进行技术上的交流与合作，更要有一种先进的产业组织方式，推动这种方式进行交流与合作，进而实现产业上的跨越式发展。柔性组织具有较强适应能力、创新能力、学习能力和敏锐性等特征，其突出的特征是"柔"，这就是组织的韧性，能够适应不同的环境和战略需求，是在动荡不安的环境中寻求生存和发展的最优选择。战略性新兴产业为寻求技术突破，采用了柔性产业组织模式。战略性新兴产业的创新性要求混合了柔性组织的"柔"性，两者可以共生、可以共荣，助力战略性新兴行业的发展。

在产业经济中，企业的外部环境是比较稳定的，为了方便管理，一些管理者在其组织机构的设置上也十分注重稳定性，因此，就产生了一种"刚性"的组织结构。这种一成不变的组织形态，在不断变化的环境中，逐渐暴露出它的致命缺陷。与组织变革相比，柔性化是指将柔性与弹性、适应性、多样性、变化性等有机地融合在一起，它注重形成和提高组织对环境的适应性和自我改进的能力，注重在持续的变化与创新中，建立并应用弹性机制。在此基础上，进行组织变革，用柔性组织代替刚性组织，是时代发展的必然要求。21世纪后，一种新型的、具有"虚拟重组"和"柔性"特征的产业发展模式，为我国战略性新兴产业的发展提供了新的思路与借鉴。柔性化组织形态打破了企业的刚性整体形态，是一个具有明确目标的虚拟产业体，并对优质资源进行再一次整合和利用。柔性组织非常重视对自适应能力的提升，也就是对自身的调整和控制能力的提升，从而使组织变得善于学习、不断创新、拥有完善的反馈控制环路和强大的再生能力，从而不断地提升自身的创新能力和竞争力。

企业避开自己的短板，将自己的优势板块与其他企业的资源进行整合，从而形成更大的优势，不仅可以打破原有的限制，在更大的规模上实现产业的融合，还能够根据市场需求的变化，适时地进行调整，从而得到"新木桶效应"。现代企业中的团队建设，与"新木桶理论"有相似之处：一个团队的战斗力，不仅仅取决于每一个成员的能力，也取决于他们与其他团队之间合作的紧密程度，与此同时，团队为每个成员创造平台，以便更好地发挥团队的战斗力，这也是非常重要的。"新木桶理论"的短板不单单指团队中的人，也指团队缺失的核心能力。柔性化产业组织发展模式，以其独特的弹性、灵活性、适应性、灵敏性，以及强劲反应力，能更早发现"短板"，控制"短板""补短板"并能更快改正。目前中国的技术创新能力与发达国家还有一定差距，技术创新能力是新兴产业发展的"短板"，只靠技术引进和跟踪模仿已经不能满足经济发展的需要，更不能满足战略性新兴产业对技术的创新要求。所以，一定要采用先进的柔性化的发展模式，要强化在有关领域中的技术研究和战略性突破，还要强化产业的虚拟再整合，只有这样，才会对产业技术的交流与合作产生有利影响，也有利于将各种优质资源充分利用起来，从而突破产业发展的技术瓶颈，推动战略性新兴产业的形成与发展。

此外，战略性新兴产业发展模式还有"科研—标准—产业"同步发展模式、动态选择产业发展模式和先行先试中逐步探索发展模式。其中，"科研—标准—产业"同步发展模式指的是在进行科研创新工作的时候，提前为研制工作和产业化做好准备，通过制定标准，强化标准与科研工作之间的联系，推动科研成果向生产力的转化，实现科研成果的产业化。在战略性新兴产业的发展中，标准起到了一种纽带的作用，也就是在科技成果产业化的进程中，通过标准的制定，确立了产业的发展路线和规律，将产业链的上下游企业和消费者联合在一起，遵循同样的技术规律，形成一个国家的竞争优势，实现资源的有效使用。

战略性新兴行业的发展，其核心在于如何根据产业自身的特征，合理地配置与其相关联的资源，从而提升核心竞争力。一方面，产业发展模式的选择需要从技术生命周期、技术水平、生产要素资源和市场环境等方面进行考量，同一产业发展路径可以在多个视角下进行多种类型的模式选择。比如，在航空航天产业中，其关键核心技术正处在一个生命周期中的成长阶段，而我国在这一领域中的技术水平则是排在了世界的前列，要想实现跨越式发展，就必须采取政府主导的发展方式和技术跟随的发展方式，强化对关键技术的消化吸收，并努力提升再创新的能力，从而使整个行业得到更快的发展。另一方面，这些因素也在不断地发生着改变，使企业所处的外部环境和制约条件发生了某种程度的变化。在新的发展形势下，选择一种新的发展模式是实现产业可持续发展的关键，在此意义上，产业发展模式选择是一个不断优化的动态选择过程。

在先行先试的过程中，对发展模式进行探索。战略性新兴行业的发展是全球经济发展的总趋势，但目前还没有一个符合我国国情的可供参考的模式。战略性新兴产业发展模式的选择，一定要站在全球视角，了解世界上战略性新兴产业的产业链形式，还要明确发达国家目前的技术水平和战略部署。要对战略性新兴产业的覆盖面、技术路线、市场前景、商业模式、地域优势等重要问题进行深入的探讨。在应用条件相对成熟的重点领域、重点地区、重点行业，鼓励它们进行先行先试，并逐步探索出适合它们的产业发展模式，在获得了一定的成功经验之后，再予以推广。

第四章

我国战略性新兴产业的发展路径

第一节　战略性新兴产业发展的工业基础

目前，世界上各大发达国家与地区都在积极调整自身的发展策略，力图依托本国实体经济抢占国际竞争的主动权。我国若要利用好金融危机后的"机会窗口"，就必须对战略性新兴行业进行合理的规划。

一、我国工业化发展路径的演变历程

我国战略性新兴产业的发展根植于我国的工业国情和科技国情，与发达国家或新兴国家相比，有着巨大的差异。这就构成了研究我国战略性新兴产业发展路径的独特起点。只有弄清楚我国战略性新兴产业发展的基础起点，才能设计出符合我国实际和战略性新兴产业发展规律的具体路径。

战略性新兴产业的发展是我国工业化演进过程中的一个关键环节，从历史发展来看，它是一种对现有工业化成果进行的再开发。所以，对战略性新兴行业进行研究，就必须对中国的工业化进程进行全面的梳理。就其发展轨迹而言，可分为起步阶段、重启阶段、飞跃阶段和转型阶段。这四个阶段都有自己的特点，都对我国的工业化进程作出了独特的贡献。

（一）新中国成立初期的工业化起步阶段

新中国成立以后，我国走上了社会主义建设的道路。但与同时期世界主要国家相比，我国工业基础十分薄弱。1949 年的国民经济总产值中，工业产值只占 10%；在制造业产值中，使用机器的工业产值只占 27%。1956 年，我们国家在完全效仿苏联模式的基础上，进行了一次有计划的社会主义工业化建设。尽管我国的工业基础非常薄弱，而且在 1978 年以前，国内外环境也不是很稳定，但全国各族人民克服重重困难，取得了一系列的突破，初步形成了现代化的工业体系，为今后的工业化发展奠定了坚实的基础。

在这一阶段，我国工业发展的特点主要表现为两个方面：一是进口替代战略；二是重工业优先发展。其中，进口替代战略是发展中国家通常会选择的一种工业发展模式，目的是通过限制工业品的进口，来保护本国稚嫩工业的发展，从而保证产业链的充分发育。这一战略的实施，既有自身经济发展的因素影响，也有其特定的国际政治背景。片面的对外政策导致了我们对苏联的完全模仿，这在客观上制约了我们外贸的发展；苏联在我国进口国中的垄断地位，反而加重了对外经济的依赖和风险。

正是由于我们充分借鉴了苏联的经验，才开始把国有企业作为我们的主要产业，并把重点放在重工业上。在新中国成立之初，我国利用计划经济体制，将社会资源集中起来，迅速地建立起了一个相对完整的工业体系。但是，计划经济对供给和创新的制约作用也迅速地显现了出来。由于对要素配置采取了全方位的行政干预，导致了我国经济的不活跃，供给的增长大大滞后于需求的发展，资源的匮乏已成了经济的常态。此外，资本产品的匮乏与产业发展需求之间的矛盾，导致了对物价（如工资、利率、汇率）的全方位调控，使人们的生活质量在很长一段时间内没有得到明显的提高，进而导致了社会矛盾的积累。而在工业生产领域，国有经济具有压倒性优势。然而，因为当时生产效率低下，缺少核心技术，导致了我国工业产品在规模扩张的同时，却很难保证质量。例如，我们的产品只有粗钢，精钢还是要靠进口。这就导致了一种奇怪的现象，一方面是国内有大量的钢材库存；另一方面是仍需要大量进口精制钢材。

总结 1949—1978 年中国工业发展的路径，这一时期的主要特点是：在赶超战略下的重工业优先发展与进口替代。这种路径选择导致了我们虽然已经建立了一个完整的工业体系，却没有掌握核心的制造技术，经济结构已经出现了严重的不平衡，资源分配效率低下，许多工业生产问题都亟待解决。

（二）改革开放之后的工业化重启阶段

　　改革开放后我们对发展战略进行了全方位的调整。我国的工业生产也得到了快速的恢复，而且已经初步达到了轻、重工业的协调发展。特别是在这个时期，还制定了渐进式改革的发展策略，从扩大国有企业的自主权开始，实行"两步利改税"，逐步对原有的经济体制进行改造，从而使经济活力不断增强。

　　一方面，在经济结构上，我国遵循"调整、改革、整顿、提高"的八字方针，着力改变过去轻工业与重工业、农业与工业、消费与积累严重失衡的状况。1978—1982 年，全国轻工业总产值平均每年增长 14%，占工业总产值的比重，则由 43.1% 上升到 50.2%；同时，国民收入分配中的积累率由 36.5% 下降到 28.8%；消费所占的比重则由 63.5% 上升到 71.2%。

　　另一方面，我国实行了一系列的经济体制改革。在国企改革中，以《关于扩大国营工业企业经营自主权的若干规定》为代表的五个文件，对国企改革进行了全面推进。企业的自主权得到了扩展，企业开始成为一个独立的经营主体，企业的生产积极性得到了很大的提高。在价格改革中，《中华人民共和国价格管理条例》于 1987 年 9 月颁布，界定了国家定价、国家指导价、市场调节三种不同的定价方式，使企业的定价自主权进一步拓展。在投融资机制上，中央政府实行"拨改贷"，并设立了国资委，将国家重大工程的投资机制由划拨转为放款，政府对新的工程项目的投资机制也不再给予资金支持，从而使企业的投融资机制更加规范。此外，为了满足企业的融资需求，1986 年和 1987 年先后在上海和深圳设立了股票柜台交易市场，在此基础之上，两地又先后于 1990 年和 1991 年成立了规范的证券交易所。

　　在一系列大政方针的正确指引下，20 世纪 80 年代我国经济发展取得了恢复性的成果，1978—1990 年我国 GDP 的平均同比增速达到了 9.28%，工业同比增速达到了 10.36%。到 1990 年，我国棉布、煤炭、水泥的产量居世界第一，钢铁产量、发电量居世界第四，原油产量达到世界第五。

在这一时期，以产业结构的协调发展和以内部变革为导向的工业化恢复是我国工业发展的主要途径。

（三）出口导向战略下的我国工业化飞跃阶段

进入 20 世纪 90 年代，我国全面确立了对外开放的发展战略，深圳、珠海等地率先试点的经济特区蓬勃发展。在改革试点成绩引人瞩目的同时，我国也确立了中国特色社会主义的工业化发展道路，坚定不移地推进改革开放。我国工业化进入了一个快速发展的阶段。

在工业发展道路的选择上，我们积极地学习日、韩等国家的成功经验，以出口为导向，以最大限度地利用自己的人力、物力等相对优势，并以贸易为纽带，吸取发达国家的先进技术和成功经验，取得"后发制人"的战略优势。

20 世纪 90 年代是我国经济开始全面腾飞的时期。1991—2000 年，我国 GDP 平均增速达到 10.45%，工业产值平均增速达到了 13.96%，以美元计价的对外贸易总额平均增速为 15.52%，其中出口总额平均增速为 15.37%、进口总额平均增速为 16.05%，我国经济开始广泛参与全球竞争，企业的活力和竞争力得到了极大提高，初步奠定了世界制造大国的地位。

在这一时期，我国的产业发展道路呈现出以出口为导向、以成本优势推动对外贸易和投资扩张的特点。在这段时间里，尽管有通货紧缩和亚洲的金融风暴的影响，但总体来说处于一个快速增长的状态。尤其是包括税收制度、银行体系和资本市场的一系列改革，极大补充了我国市场经济构成要素的不足，企业的自主权进一步扩大，经济活力全面提高，初步形成了较为完整的市场经济形态。

（四）信息技术繁荣背景下的我国工业转型阶段

我国在 2001 年 12 月成功加入了世界贸易组织（WTO），标志着我国的对外开放进入了一个新纪元。加入 WTO 的意义在于巩固了我国的对外贸易优势，并通过相关制度的国际化进一步便利资本的进入和流出，加快了我国工业化的进程。既有的对外贸易和投资扩张带动经济发展的战略得到了进一步的巩固，并且表现形式逐渐变化。其中，中小企业逐渐树立了品牌意识，对外贸易中的高科技产品比重逐步增大；在投资领域中，房地产已经渐渐成为投资的主要标的，并且已经成为国民经济的支柱产业。同时，国外资本也以外商直接投资（FDI）的形式，继续流入中国，并且不断地增加在华投资的份额。2002 年，中共第十六次全国代表大会召开，在全国范围内提出了"走新型工业化之路"。2009 年，国家提出了大力发展战略性新兴产业，2015 年，国家又提出了"制造业 2025"，我国的工业化已经进入了转型时期。在党的二十大报告中，我们提出要推进战略性新兴产业集聚发展，培育一批新的经济增长点，包括新一代信息技术、人工智能、生物技术、新能源、新材料、高端装备、绿色环保等。

20 世纪末和 21 世纪初，全球掀起了信息技术革命的热潮。而我国在经过了三十多年的发展之后，民营经济积累了一定的实力，居民消费能力也逐渐增强。此时，我国的信息产业具备了市场和技术基础，并在世界发展潮流的推动下迅速发展，带动起相关的物流、商贸、软件开发等产业，一条以互联网为技术核心的产业链逐步成型。

在信息技术产业发展的同时，我国的工业化也进入后期。2008 年的金融危机，造成了全球需求的下滑，再加上资本的边际回报率的持续降低，使原来的外贸与投资发展路线出现了后劲不足的情况。这就使我们的工业化进程面临着巨大的转型压力。

在这一阶段，以国内投资和对外贸易为主要的经济增长动力，对原有的工业发展模式进行了持续的深化。

纵观上述发展轨迹，我们可以看到，我国在工业发展过程中，先后经历了效仿苏联的"重工业化"和"出口导向""投资扩大"，所采取的发展策略与路径，使我国工业实现了从无到有、从有到好的发展，建立起了比较稳固的工业基础，我国工业开始向更高的目标迈进。

二、战略性新兴产业发展的条件约束

总体来说，我国工业化历程为战略性新兴产业发展夯实了基础，具有以下几个特征。

（一）我国工业体系较为完备，拥有较强的生产制造能力

从产业链来看，我国工业化发展至今已经具备了从上游原材料开采生产到中游加工制造再到下游成品生产销售的完整工业体系，原材料方面涵盖了煤炭、石油、矿石、采选等，并且农产品也较为丰富，可以独立提供工业生产几乎所有必需的原材料，并且钢、铁、煤等有 200 多种工业产品产量居世界首位。而在中游制造业上，我国的制造业也具备扎实的基础，轻重工业的产业链较为完整，并且实现了一定程度的协调发展，无论是居民消费品还是工业出口品，都拥有较强的生产制造能力，为战略性新兴产业的发展奠定了坚实的基础。

（二）研发投入在国民经济中的占比逐年提高，具有较强的科技创新能力

战略性新兴产业发展需要一定创新能力的支撑，尤其是以中小企业为主体的创新大军，为产业的更新、完善和发展提供了源源不断的技术支持。我国整个社会的研发投入已超万亿元。而在多年发展过程中，我国通用设备、专用设备、电子信息、航空航天、医药制造等工业领域的同比增速均显著超过了同期工业增加值的增速，逐步扩大了在工业生产领域中的占比。2022 年 1—9 月，我国高新技术产品出口 46951 亿元，同比增长 5.5%，超过了对外贸易的年均增速。显示出我国经济在开放中也逐步培养出了对外输出的能力，高技术产品的国际市场认同度不断上升。

（三）我国正处于工业化的中后期，新兴产业发展面临突出的瓶颈约束

根据中国社会科学院发布的《中国工业发展报告 2014》，我国正步入工业化

后期，尽管我们已经取得了巨大的发展成就，但也应该看到，目前我国的工业化必须对产能过剩、产业结构转型升级和新工业革命三大挑战给予高度重视。产能过剩问题已经从船舶、汽车、机械制造等传统行业，扩展到了光伏、多晶硅、风电设备等能够代表未来产业发展方向的战略性新兴产业，同时也要有效应对新工业革命带来的冲击，寻求主动转型，突破工业化后期与发达国家"再工业化"叠加造成的困难，化解发展中的不确定性，不断推动产业升级。

经过多年曲折的工业化发展，我国工业既取得了重大的突破也面临着新的挑战，我国战略性新兴产业发展面临的形势为：工业体系完善，工业产品谱系完整，但是新兴产业的产业链仍处于发育阶段，核心技术缺失较为严重，产能过剩现象也开始显现，政策作用的路径依赖较为明显，战略性新兴产业的发展位于我国经济结构转型产业升级的拐点，需要克服经济周期性下行发展的压力，以及商品价格低迷、全球经济结构调整的挑战，亟须突破技术瓶颈和传统的产业发展模式约束。

第二节　战略性新兴产业发展的政策推进路径

依据熊彼特理论，战略性新兴产业的发展要置于"新熊彼特通道"之内，政府部门的激励与金融机构的支持应置于合理的范围内，避免出现投资过热或发展过冷的现象，推动战略性新兴产业持续、健康和稳定的发展。

一、战略性新兴产业发展中的政府角色定位与作用机制

（一）战略性新兴产业的"新熊彼特通道"

1. 政府补贴

如果市场和金融环境的条件不变，政府补贴可以发挥其激励企业加入研发，

提高在研企业占比，同时激励在研企业增加研发密度，加大研发投入的作用，促进新兴产业形成健康稳定的市场结构，具有充分竞争强度的产业集群和合理研发资源分布的市场结构是技术创新的重要保障。否则，政府的补贴会产生适得其反的效果，如果补贴太少，不仅会阻碍企业的发展，还会使企业的科研投资得不到保证，从而使行业的发展趋于冷却；过高的补贴则会导致政府对资本的挤出作用大于其对资本的激励作用，从而导致行业"虚热"，所以，合理地控制政府对资本的补贴比例是非常重要的。

2.需求波动

当政府作用和金融环境的条件不变时，需求规模对产业规模扩大、企业技术升级的激励效应，应与需求波动保持在一个合理的范围。在需求波动过大的情况下，需求规模的扩大很有可能会引起投机资本的大量涌入，产生投机资本对投资资本的挤出效应，从而在短时间内形成产业规模的爆发性增长，但是这也会让企业在研发方面的投入变得更少，产业不具有新兴产业的持续增长性和创新性，会在过热中走向衰败；而需求波动较小，且需求规模也较小时，会导致产业发展成为无源之水，产能无法转换为产量和销量，也不利于产业的发展，产业无法完成生命周期的演变，直接走向衰败。因此，调控好需求波动对于新兴产业发展来说至关重要。

3.资本利率

在政府角色和市场环境已知的情况下，新兴产业的发展，会要求有足够多的资金来支持，这也是为什么金融体系对于新兴产业的支持是非常重要的。而我国长期存在金融抑制的现象，并不利于金融工具对新兴产业发展帮扶作用的发挥。主要存在两个方面的问题：金融利率被人为压低以及资本利率对不同所有制企业的歧视性定价。这将导致企业在研发投资的过程中，融资成本提升，企业技术创新水平受到限制；而且，资金分配的不平衡，也会导致资金的分配效率低下，这对激励企业尤其是中小民营企业的研发活动是不利的。产业可能会因此走向衰败，失去向前发展的动力和潜力。而资金利率被压抑过低的同时，如果均流向了新兴产业，又会产生新熊彼特理论所提及的产业过热问题，也不利于产业的健康发展。所以，在我国，资本市场利率的形成机制及价格水平对战略性新兴行业的发展具有很大的影响。

综上所述，对战略性新兴产业发展环境的考察涉及三个指标，即政府补贴率、需求波动和资金利率。根据新熊彼特理论，将这三个指标与新熊彼特模型有机地结合，以弥补其在现实指导中的不足，融合后的"新熊彼特通道"如下。

政府补贴、需求波动与资本利率三个坐标构成了一个三维空间，三个矢量的加成决定了产业发展的方向。给定其他两个条件，当剩余的那个量不处于合理区间时就会使产业的发展溢出"新熊彼特通道"，投资过热或者发展过冷，最终都将导致产业走向衰败。战略性新兴产业的发展是综合系统作用的结果，不是单方面推动就可以实现的。因此，政府就是要在完善自身作用机制的基础上，通过政策引导这种综合系统发挥作用。下面就将依据这一判断讨论政府角色的定位与作用机制。

从"新熊彼特渠道"的角度来看，在战略性新兴行业的发展过程中，政府所扮演的角色、所起的作用具有多样性。一方面，通过行政手段，对工业发展进行直接干预，实现政府对工业发展的战略性规划；另一方面通过财政金融综合手段为新兴产业的发展提供支撑，政府也需要明确自身与市场的边界，向着服务型政府转变。通过合理的角色定位，战略性新兴产业发展中政府的作用机制也将发生根本性的变化。

（二）战略性新兴产业发展中的政府作用方式与市场化机制

1.优化政府资金的使用方式，探索市场化的产业调控手段

战略性新兴产业的发展中政府发挥作用最重要的方式就是资金形式的支持，如政府可以采取典型的财政办法，包括税收优惠、研发补贴、产业发展引导基金等形式，这些形式中有的是直接作用于产业，有的是间接作用于产业。但即便是引导基金这样的间接作用方式也存在着政府资金干预企业决策的现象。如政府资金会以参股的方式支持企业的发展，所以会要求占企业一定的股份，并拥有一定的决策权，政府会通过这种方式将政策性的产业发展意图直接转化为企业的生产

决策，这就给企业带来很大的限制，政府资金反而起到了妨碍产业发展的作用。

因此，政府资金的运用应从一以贯之的税收补贴和示范工程等直接干预方式，逐渐转变为以企业为主体、以市场为导向，以间接管理为主、直接干预为辅的产业培育模式，探索建立政府资金运用的市场化机制，减少政府主管部门对企业经营决策的干预，真正发挥扶持资金的激励作用。

一方面，在强化财政支持力度的基础上优化政府资金的使用结构。将政府产业发展引导基金作为政府资金运用的主要形式，致力于消除不必要的行政性垄断和行业管制，逐渐减少直接政府购买、税收优惠与财政补贴等形式的直接干预，还给企业自主经营权利，减少垄断造成的资源配置扭曲，充分开放产业竞争。

另一方面，可以建立第三方机构，比如科技银行、风险或信用评测机构等，这样不仅能够保证政府发挥出最大的效用，还能够对市场化机制进行完善，从而进一步扩大市场化作用的范围，加强市场化作用的效果。并且鼓励民营资本加入第三方机构，政府逐步退出，实现第三方机构运行的市场化。

2. 以培育产业创新能力为目标，强化政府在制度环境建设中的积极作用

政府作用的就在于对产业发展环境的改善．其中包括新兴产业相关基础设施建设、人才培养体系建设、法律法规等制度环境建设以及企业的融资环境等方面。

首先，战略性新兴产业的发展需要良好的基础设施，以为新兴产业发展提供有力支撑。如新一代信息技术的发展需要网络基础设施的覆盖面达到一定比率；新能源汽车的发展需要建设足够密度的汽车充电站；物流网络的形成需要国家公共交通网络体系的完善和发展，等等。而这些建设投入在短期内是民营资本难以承受的，需要发挥国有资本和公共财政的作用。对基础设施环境的投入既是产业发展的需要，也是消费方式转变、市场规模培育的需要，更是社会发展成果公平共享的体现。

其次，战略性新兴产业的发展需要完善的制度环境。如建立和完善知识产权保护法、环境保护法以及反垄断法等法律法规，充分保障企业技术创新的收

益，维护产业的健康竞争环境，以激励企业对研发活动的投入，这也是通过市场化机制起到基础性配置作用的必然要求。

再次，要想实现战略性新兴产业的发展，就必须有充足的人才资源，还要有一套与行业发展需求相匹配的人才培养体系，这样才能为新兴产业的发展提供源源不断的动力。在发展战略性新兴产业的过程中，必须进行持续的技术创新和商业模式的创新，这就要求有大量的专业技术人才、营销人才和企业家人才。此外，还必须有一套完整的人才培养体系，为战略性新兴产业的发展提供源源不断的人才支持。

最后，战略性新兴产业的发展还需要充分竞争和开放的融资环境。必须克服我国产业发展中民营企业融资难、融资结构不合理、资金配置缺乏效率等顽疾。如建立多层次的资本市场，拓展新兴产业的融资渠道，打破企业融资的所有制壁垒，提供公平的市场竞争环境；大力推进利率市场化进程，让市场自发形成与不同产业技术创新风险相适应的利率水平，为企业科技创新提供相适应的融资保障；开放资本项目，减少企业资本跨境运作成本，鼓励企业开展跨国合作，并借助资本市场的力量整合吸收国际先进的技术经验和成果，以加快缩小国内外技术水平的差距。

因此，政府应当以培养产业长期创新能力和竞争力为目标，充分发挥基础设施建设、制度环境建设和人才资源保障方面不可替代的作用，促使新兴产业的发展尽快步入有序和良性的发展轨道。

3. 针对战略性新兴产业发展的不同阶段，政府应施加不同的影响

战略性新兴产业处于不同发展阶段，对政策扶持、市场需求和资金支持都有不同的要求。如产业处于萌芽期和发展期时，由于产业的稚嫩和产业链的脆弱、市场前景的不确定等，需要政府积极加以呵护和扶持；而当产业步入成熟期，已经形成稳定的商业模式、信贷模式和消费模式，政府作用便可以逐步弱化。政府的干预要做到进退有序，既起到激励企业发展的作用，又不干扰产业发展生态，政府作用机制应具有动态特征，具体如图4-1所示。

萌芽期	发展期	成熟期
• 政府作用定位：政府主导作用显著，制定产业发展战略规划 • 政府作用方式：建立科技银行、产业发展引导基金，国有企业主动调整生产方向，甚至需要政府大量的直接投资，带动产业发展 • 政府作用强度：政府主导下的产业发展中政府因素较大，政府资金占比较大	• 政府作用定位：政府的开始退出主导作用，逐步转变为扶持和服务角色，政府作用以激励为主 • 政府作用方式：完善科技银行、风险和信用评测等第三方机构的建设，逐步完善法律法规、基础设施等建设，减少对产业的直接投资 • 政府作用强度：吸引民营资本大量进入，逐步减少国有资本或政府资金的占比	• 政府作用定位：产业中的政府资金完全退出，只起到产业发展环境的维护作用 • 政府作用方式：减少国有资本对第三方机构的占比，继续完善法律法规、增加基础设施建设等环境的维护支出 • 政府作用强度：政府资金占比维持在最低的限度，产业发展以民营资本为主，形成健康的产业竞争环境

图 4-1　产业发展不同时期政府作用的定位、方式和强度

综上所述，战略性新兴产业发展中政府作用机制应当充分体现在：政策空间上做到明确政府与市场的边界，给市场机制发挥作用释放更大空间，避免政府部门的过度干预阻碍新兴产业的发展，将有限的公共资源投入新兴产业基础建设领域；政策延续的时间上应力求与产业发展不同阶段的要求相适应，政策干预进退有序，从而有效推动新兴产业的持续健康发展。

二、战略性新兴产业发展的政策保障体系

在培育和发展战略性新兴产业的过程中，政府应以保障产业发展所需的社会支持体系为导向，努力营造制度环境和推进市场化建设，以公共部门调控、新兴市场培育以及金融支持为主体，构建战略性新兴产业发展所需的政策体系。

（一）构建社会支撑体系，保障战略性新兴产业的持续健康发展

战略性新兴产业的发展需要政府通过行政或财政手段整合社会资源，推动新兴产业的发展布局。自提出战略性新兴产业发展规划以来，各级政府综合运用各种财政金融手段积极引导社会资源向战略性新兴产业领域集聚，力争实现技术突破和产能扩张。比如，中央财政设立了战略性新兴产业专项基金，直接引导社会资本加大对战略性新兴行业研发的投入，同时，在全国范围内，也有20多个省市设立了与之相似的专项基金。

在建立行业发展资金的同时，也要加强行业的组织和协调，减少行业间的隔阂，减少行业的交易费用。比如，国务院已经批准设立了的战略性新兴产业发展部际联席会议制度等，强化了部门之间的组织和协调，形成了推动战略性新兴产业发展的合力。地方政府也开始建立产业示范基地，充分发挥产业集聚对科技创新和产业发展的积极作用。这将有望成为我国未来战略性新兴产业发展的重要依托。

（二）培育和挖掘新兴产业的市场需求，不断强化市场机制的决定作用

战略性新兴产业发展的政策归宿，应当是政府逐步退出产业发展的主导地位，让位于市场机制。而在这一过程中，同样需要通过公共部门的调控作用，使市场需求逐步成为产业发展的主要动力，完善的金融市场逐步成为企业获取金融资源的有效渠道。

首先，各地政府对产业需求的培养进行了有效的探索。比如，国家组织实施了节能惠民、百城万盏、十城千辆、金太阳等重大示范工程，地方政府越来越注重对需求侧的鼓励。如广东省对新能源汽车、LED照明设备、电子信息等产业产品实行优惠政策；而上海则致力于在智能电网、5G移动通信、云计算等领域探索适应市场的产业运营模式；北京统筹安排了针对战略性新兴产业的200亿元政府采购等。这些政策举措扩大了战略性新兴产业的市场空间，但是，它并没有真正地激发并培育出对战略性新兴产业的有效需求，并为其提供支撑。因此，还应

考虑通过税收调节的方式，拓展战略性新兴产业的市场需求空间。例如，增加常规能源税，减少新能源及新能源汽车消费税，以促进战略性新兴行业的有效需求。

其次，利用金融市场的发展机会，如利率市场化，资本账户开放等，鼓励多种形式的银企合作，稳步推进短期融资债券、中期票据、非公开定向债务等融资工具的应用和发展，通过融资机制的创新为战略性新兴产业提供有力的金融支持。

（三）建立和完善产业技术创新的制度环境，激励企业加强对科技创新的投入

战略性新兴产业发展的竞争力在于核心技术的掌握，在于不断地推动科技创新。而要让企业保有科技创新的热情，不断对科技创新进行投入，就需要建立起包括知识产权保护、环境保护在内的基本法律环境，引导人们形成环境友好的生产理念，保障研发和科技创新的应得回报。要提高侵犯知识产权、破坏公共环境的行为成本，从而保护研发创新的合法权益。

同时，也要注意对知识产权的运用。比如，鼓励社会力量建立第三方的社会中介组织，拓宽研发成果和投资需求的沟通渠道，注重构建技术服务平台、交流平台，提升技术成果转化的效率，有效实现创新资源向企业的转移和流动。通过建立技术和专利联合，构建产学研结合的制度体系，促进科技成果产业化；落实科技成果投资入股、确定股份等政策，鼓励科技型中小企业以知识产权作为抵押，与银行或风险投资机构进行合作，促进知识产权成果在市场上的转化。

第三节　战略性新兴产业发展的技术升级路径

推动战略性新兴产业的持续健康发展，除了高效的政策推进路径，还需要明晰的技术创新路径。前文研究中已经明确了政府补贴、需求扩张和金融发展可

以有效地提升产业的技术水平，但是究竟何种技术更适于不同领域不同发展阶段的产业需求呢？本节将从比较优势学说出发，进一步阐释和探讨战略性新兴产业发展中的技术创新路径问题。

一、基于比较优势的技术升级路径

林毅夫等人提出的"比较优势理论"，在解释落后国家的产业结构演化问题上，已有相当多的成果。他们认为，改革开放以来，我们国家的工业发展得到了更加自由、更加自给自足的政策环境，这才让与我们自身条件相适应的劳动密集型工业，逐步占据了国家经济发展的主导地位，并培育出了一大批能够自我成长的企业，这也是为什么我们能够在世界范围内看到"经济奇迹"的原因。该理论从供给优化视角揭示了禀赋结构、要素价格与产业结构三者的内在联系，并为探索我国产业结构的升级路径以及新兴产业的技术演进提供了新的视角。

比较优势学说认为，当初始经济的要素禀赋结构为 $\frac{K_1}{L_1}$，禀赋约束线（也是企业的预算约束线）为 C_1，则生产均衡处于等产量曲线 f_1 与约束线 C_1 的切点处，经济所采用的技术水平为 T_1，企业可以获得自生能力，经济处于良好的运转状态，如图 4-2 所示。

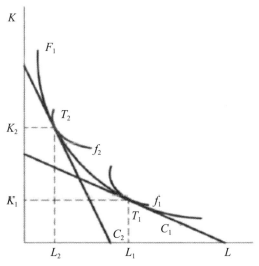

图 4-2　比较优势学说中的产业结构升级机制

如果政府贸然要求企业生产更高技术要求 T_2 的产业的产品，企业就会因为背离了现有的禀赋结构，而失去自生能力，从而使生产效率低下，甚至难以为继，并最终导致高技术产业发展的夭亡。在符合禀赋结构要求的生产继续进行的时候，生产所获得的剩余能够转化为资本积累，如果资本积累率高于人口增长率，就会使禀赋结构朝着资本密集度更高的方向转化，资本相对劳动力越来越充足，就会造成资本价格相对劳动力价格的下降，从而改变了企业所面对的预算约束线的斜率和位置。当禀赋结构达到了 $\dfrac{K_2}{L_2}$，禀赋约束线转换成了 C_2，这时企业就得到了从事 T_2 技术水平的产业的自生能力，不再需要政府的干预，较高技术产业得以充分发展，产业结构也随之升级。以此类推，在各阶段，根据现有的禀赋结构、产业结构状况，进行"拾级而上"的产业结构的逐级提升。

但是，也有一些学者站在需要的立场上，对林毅夫的"比较优势"理论提出了质疑。廖国民、王永钦从波特的钻石模型以及杨小凯的超边际分析中获得启示，认为一国的需求规模是现代产业发展与升级的最大支撑。并且认为比较优势学说在理论上不能涵盖当代经济发展的复杂形态，已属"过时"，结合现代经济发展特征，他们给出了三个方面的理由认为比较优势不足以解释中国经济的发展：第一，世界资本市场的发展使资本获取有了全球渠道，不存在古典经济意义上的"资本禀赋"限制；第二，劳动密集产业对国民经济的带动作用较小，加上对外资本的依存造成的资本漏出，因此不可能成为长期推动一国特别是中国这样的庞大经济体发展的原动力，因此解释力不足；第三，现代经济竞争不仅包括禀赋结构比较优势，更重要的是技术比较优势、非价格竞争优势、规模经济优势和交易效率优势等综合方面。

二、模型的构建

比较优势学说对于产业结构内生化升级机制的解释还是值得借鉴的，即便是对其学说的批判并且也没有从产业结构升级机制上提出完整的改进建议。比较优势学说的问题主要在于：第一，其基于传统产业体系建设过程中的成败经验，认为市场是稳定可预期的，因此，对于依赖市场需求、未来市场不确定的新兴产业来说缺乏足够的解释力。第二，以传统要素市场为基础的比较优势理论，忽视了金融市场的创新对资本使用成本的影响作用，即由需求驱动的产品收益高于资本收益，进而打破了资源配置的"瓶颈"，加快了产业升级的步伐。

产品的技术前沿性、市场的不确定性和对金融系统的高度依赖性，决定了比较优势学说对于当下的新兴产业发展和产业结构升级缺乏足够的解释力，需要补充关于需求规模的考量以得到更为完整的解释。尤其是对于战略性新兴产业这种由政府所提倡，并且注重于未来竞争的产业规划而言，一方面，该产业还处在发展的培育阶段，其生产技术、经验以及商业模式都需要不断探索和完善；另一方面，市场对先进技术产品的需求规模相对于供给发展较为滞后，市场需求的培育需要时间。新兴产业能否成为我国经济未来的主导，取决于新兴产业的产品能否迎合国内市场的需求。因此，"比较优势"与"需求优势"都是对后起国家经济收敛的重要解释，也是对产业发展政策制定的重要启示。单纯追求比较优势，缺乏对需求端的关注会使产业发展缺乏市场支持，禀赋结构的内生变化缺乏长期存在的合理性；而不顾比较优势，只强调需求规模又会使新兴产业发展缺乏内生性，各国间新兴产业的差异也无从解释。

因此，立足于对我国战略性新兴产业发展路径选择起点的判断，通过引入需求侧的外生技术冲击完善禀赋结构对新兴产业发展的解释，试图提出一个符合当下战略性新兴产业发展实际、较为完整的产业结构升级机制。

（一）模型的基本假设

1. "技术创新滞后"假设

我国产业发展的突出特征是生产制造能力超强与技术创新能力滞后并存：一方面，我国已经成为世界最大的制造国，我国钢、煤等的产量具有对世界市场的影响力；另一方面，我国制造业缺乏核心技术，自主研发技术不足以支撑我国与国外产业的竞争，至少无法使我国成为技术出口国，在世界技术市场形成影响力。因此，我国主要走引进技术路径，对外技术依赖性强，只能被动接受世界技术发展的潮流，跟随世界技术发展方向，技术创新滞后，即世界先进技术的扩散对我国经济形成外来冲击，而非我国经济的内生结果。

2.技术需求曲线、技术供给曲线与技术生产函数假设

为描述技术小国对于技术的需求特征，本书提出技术需求曲线的概念。它表示在社会认知、心理状态等技术产品消费条件不变的情况下市场对不同技术水平产品的需求分布。技术供给曲线表示在现有生产条件不变的情况下企业对不同技术水平产品的供给分布。一般较高技术含量的产品价格也较高，因此，技术需求曲线与价格需求曲线一致向下倾斜，技术含量与需求规模成反比，而供给曲线向上方倾斜，技术含量与供给规模成正比，两条曲线的交点表示市场均衡时对产品技术水平的要求和产品出清规模。并且假定技术生产与禀赋结构相关，资本越密集的产业技术越高级。因此有技术生产函数：$T = T(\dfrac{K}{L})$，并且 $T'(\bullet) > 0$。技术水平与禀赋结构之间存在着单调关系。

（二）技术市场的均衡

比较优势学说的产业结构升级机制的关键在于，它认为在市场机制作用下只有当资本积累率超出了人口增长率才会使资本的相对价格下降，才会激励企业从事资本密集度更高的产业。但是从理论上来说，即便在资本价格较高的时期，当市场需求规模足够大，高技术产品具有较高的市场定价，产品收益率可以超过资本利率时，企业仍然有动力从事高技术产品的生产，而不需要等到资本价格下降。而这种资金利用方式在金融市场高速扩张的今天应当是一种产业发展的常态（如风投等）。所以在需求冲击的激励和需求驱动作用下，一国的新兴产业在短时间内可以获得市场认可，其产业结构是可以实现快速升级的。

1.初始状态

如图4-3（b）所示，假设经济初始处于均衡点 e_1，此时需求曲线为 D_1，供给曲线为 S_1，均衡技术水平为 t_1，市场对该技术的有效需求规模为 Q_1，即

$$D_1(Q_1) = S_1(Q_1) = t_1 \tag{4-1}$$

且生产位于产品 f_1 的等产量曲线与等成本曲线 C_1 的切点 T_1。

$$t_1 = T(\frac{K_1}{L_1}) \tag{4-2}$$

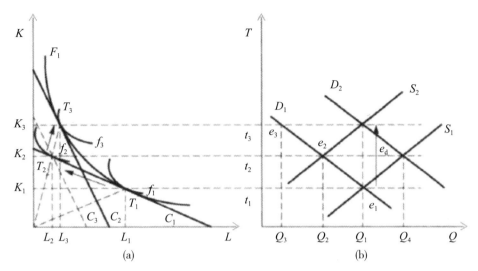

图4-3 需求冲击下新兴产业发展机制

2. 外来技术冲击的影响

当外来技术冲击时，凭借信息技术迅速扩散，国内形成了针对该技术的广泛需求，技术冲击演变为需求冲击 e_d ，使需求曲线从 D_1 外移到 D_2 ，市场对技术的需求提高到目标技术水平 t_3 ：

$$D_2(Q) = D_1(Q) + e_d, e_d > 0 \qquad （4-3）$$

在技术供给不变的情况下，就形成了市场对技术的一个需求缺口 t_3-t_1 。但是由于供给曲线不能马上调整，在实际中短期内技术只能增长到由 D_2 与 S_1 决定的仿制技术水平 t_2 。在 t_2 技术内涵上与目标技术水平 t_3 有明显的差距，具有"过渡"性质。在技术需求冲击下，短期内资本与劳动价格不变，能够满足新技术要求的禀赋结构为 $\dfrac{K_2}{L_2}$ ，即

$$t_2 = T(\frac{K_2}{L_2}) \qquad （4-4）$$

由上述公式以及 $T(\bullet)$ 的单调性，可得

$$t_2 > t_1 \Rightarrow \frac{K_2}{L_2} > \frac{K_1}{L_1} \qquad （4-5）$$

即产业将向着资本密集型发展。

（三）给定技术均衡水平下厂商的最优生产决策

1. 过渡技术的生产水平决定

当市场给出了技术需求之后，企业要进行的最优决策为

$$\max_{K,\,L} Q = f(K,\ L) \tag{4-6}$$

预算约束条件为等成本曲线：

$$C = P_K K + P_L L \tag{4-7}$$

与经典理论一致，其解即等产量曲线与预算约束线的切点。

企业的生产沿着既有的等成本线 C_1 从 T_1 上升到代表新技术要求的生产点 T_2，过 T_2 点的新产品的等产量曲线 f_2，由于要素价格比不变，因此：

$$\frac{\partial f_2 / \partial K_2}{\partial f_2 / \partial L_2} = \frac{P_{K_1}}{P_{L_1}} = \frac{\partial f_1 / \partial K_1}{\partial f_1 / \partial L_1} \Rightarrow \frac{K_2}{L_2} = G_1\left(\frac{K_1}{L_1}, \frac{P_{K_1}}{P_{L_1}}\right) \tag{4-8}$$

而 F_2 水平由于供给调整的滞后而由原市场需求曲线 D_1，根据技术水平 t_2 决定为生产规模 Q_2，与现存的供给能力 Q_4 存在着供给缺口 Q_4-Q_2。

$$D_2(Q') = D_1(Q') + e_d = S_1(Q') = t_2 \Rightarrow Q_4 = (S_1 - D_1)^{-1} > Q_1 > Q_2 \tag{4-9}$$

因此，$t_2 = D_1(Q_4) + e_d = D_1[(S_1 - D_1)^{-1}(e_d)] + e_d \tag{4-10}$

且 $Q_2 = D_1^{-1}(t_2)$

由上述公式可得实际前沿技术生产规模与需求冲击的关系为

$$Q_2 = D_1^{-1}\left\{D_1\left[(S_1 - D_1)^{-1}(e_d)\right] + e_d\right\} \tag{4-11}$$

显然若 $\dfrac{\partial Q_2}{\partial e_d} < 0$，需求冲击越大，短期内有能力做出生产反应的企业越少，应用新技术的产品规模越小。

2. 生产向目标技术水平收敛

与比较优势理论一致，由于禀赋结构的调整，资本供给大量增加，资本价格下降，劳动力价格相对上升，因此价格比变动 $\varepsilon p > 0$，等成本曲线调整为 C_3。

$$\frac{P_{K_2}}{P_{L_2}} = \frac{P_{K_1}}{P_{L_1}} - \varepsilon p \qquad (4\text{-}12)$$

此时由于新兴产业在需求缺口形成的利润激励下，有着生产扩张的冲动；而劳动也向新的产业部门有配置倾斜，符合新产业部门生产要求的劳动增加到 L_3，新产业部门实现了就业的创造效应，就业结构也得到优化；但资本使用量以更大比例扩大到 K_3。

$$t_3 > t_2 \Rightarrow \frac{K_3}{L_3} > \frac{K_2}{L_2} \qquad (4\text{-}13)$$

生产达到目标技术水平。此时生产点外推到点 T_3，产品等产量曲线外推到 A 水平 f_3；供给曲线也上升到 S_2：

$$S_2(Q) = S_1(Q) + e_d \qquad (4\text{-}14)$$

且

$$\frac{\partial f_3 / \partial K_3}{\partial f_3 / \partial L_3} = \frac{P_{K_2}}{P_{L_2}} = \frac{\partial f_2 / \partial K_2}{\partial f_2 / \partial L_2} \Rightarrow \frac{K_3}{L_3} = G_2\left(\frac{K_2}{L_2}, \frac{P_{K_2}}{P_{L_2}}\right) \qquad (4\text{-}15)$$

与市场需求 D_2 决定此时经济达到目标技术水平 t_3，产出规模回到 Q_1，从而满足全部市场需求。

$$D_2(Q'') = D_1(Q'') + e_d = S_2(Q'') = S_1(Q'') + e_d \Rightarrow Q'' = Q_1 \qquad (4\text{-}16)$$

因此与比较优势理论一致，曲线 F_1 为技术升级前后不同技术内涵产品的等产量曲线的包络线，即

$$F_1(K_1, L_1) = F_1(K_3, L_3) \qquad (4\text{-}17)$$

结合式上述公式，可得

$$\frac{K_3}{l_3} = G_2\left[G_1\left(\frac{K_1}{L_1}, \frac{P_{K_1}}{P_{L_1}} - \varepsilon p\right) \frac{P_{K_1}}{P_{L_1}} \right] \qquad (4\text{-}18)$$

因此可得先后两种禀赋结构之间存在着确定关系，即

$$\frac{K_3}{L_3} = G_3\left(\frac{K_1}{L_1}\right) \qquad (4\text{-}19)$$

式中省略了价格相关的外生参数。

再由技术需求曲线的定义，以及上述公式可得

$$T^{-1}\left[D_1(Q_1)+e_d\right]=G_3\left[T^{-1}(Q_4)\right]=G_3\left[T^{-1}(S_1-D_1)^{-1}(e_d)\right] \quad (4\text{-}20)$$

进而可得最终生产规模与需求冲击的关系：

$$Q_1=D_1^{-1}\left\{T\left[G_3\left[T^{-1}(S_1-D_1)^{-1}(e_d)\right]\right]-e_d\right\} \quad (4\text{-}21)$$

因此，需求冲击可以实现产业结构的升级，产业结构与需求之间存在着稳定的关系。这就证明了本书的命题，即需求拉动在新兴产业的发展中起到了关键的作用，它决定了新兴产业能否替代传统产业的产量，从而实现整体产业结构的升级。

（四）基于"比较优势"的技术创新路径分析

比较优势学说还存在一个问题，即它过于强调供给端企业自生能力对于产业发展的决定作用，在这种情况下，符合禀赋结构要求的生产应该都能取得成功。但是相同禀赋条件下，每个产业的发展情况并不相同，有的会发展比较顺利，有的却会被市场淘汰，这是比较优势学说所无法解释的。

比较优势学说忽略了市场需求的因素。当技术升级达到 t_2 后，如果缺少需求规模的支持，会使生产陷于停滞，生产规模也只能被市场接受在 Q_2 的水平；即使技术达到了 t_3 水平，但由于市场需求的限制，这种技术水平的产量只能拥有 Q_3 的市场：

$$Q_3=D_1^{-1}\left[S_1(Q_1)+e_d\right] \quad (4\text{-}22)$$

因此存在着 Q_1-Q_3 的巨大缺口。且 $\dfrac{\partial Q_3}{\partial e_d}<0$，如果继续盲目地实施技术升级计划，根据模型的动态演变规律，技术升级到较高级别，由于市场需求的限制会使产出规模不断逼近表示技术水平 T 的 Y 轴，产业逐渐萎缩，产业发展前景黯淡。所以，比较优势学说对产业结构升级的解释可以看作本书所主张的理论的一个不考虑需求冲击的特例。

第五章

金融发展支持战略性新兴产业成长的理论基础

在现代金融发展理论中，金融发展指的是金融部门能够充分地发挥其对技术创新和资金积累的作用，并以此为基础，促进产业发展，推动经济的增长。因为在战略性新兴产业的发展过程中，创新是不可替代的，所以，在战略性新兴产业的发展过程中，融资是必不可少的。实际上，从熊彼特提出的"创新经济学"开始，学界就对"产业波动性"和"创新"这两个方面进行了深入的探讨。熊彼特学派的产业创新发展经济学，在产业生命周期波动、产业结构调整、产业兴替等方面，高度重视产业创新的动力机制，以及金融发展这一外在因素在产业创新发展中的重要影响。因此，从理论上来看，金融发展对战略新兴产业的支持作用是不可忽视的。

在现代金融发展理论中，金融发展是指金融部门发挥着促进技术创新和资本积累的基础作用，并通过促进产业发展来带动经济增长。由于在战略性新兴产业中，创新占据着重要的地位，所以，战略性新兴行业的发展也与金融的发展密不可分。实际上，熊彼特提出的"创新经济学"理论，已经把"行业波动性"和"创新"联系了起来。熊彼特主义的产业创新发展经济学，在产业生命周期波动、产业结构调整、产业兴替等方面，不仅强调了产业创新的动力，而且强调了金融发展这一外部性因素在产业创新中的重要作用。从这里可以看出，金融发展理论与创新经济理论，是实现通过金融发展促进战略性新兴产业发展的重要理论支撑。

第一节　发展经济学框架下的金融发展理论

从银行诞生之日起，金融在经济发展中所扮演的角色便引起了人们的广泛关注。随着发展经济学的产生，金融发展理论也出现了。然而，在发展经济学的第一阶段（20世纪40年代末至60年代初），西方经济学家还没有开始对金融问题进行深入的探讨。这是由于在该时期，在唯计划、唯资本和唯工业化的思想的指引下，作为工业化、计划化和资本积累的工具，金融只是一个附庸和被支配的角色，其发展被忽视了。

20世纪60年代中期之后，发展经济学进入了第二个阶段，在这一时期，新古典的发展思想代替了结构主义的思想，占据了主导地位，强调了市场的作用，给了金融行业一个适度的发展空间。金融发展理论，主要是研究金融发展与经济增长的关系，即金融体系（包括金融中介和金融市场）在经济发展中所发挥的作用，对于如何建立一套高效的金融体系和金融政策，以最大限度地促进经济增长，以及如何合理地使用金融资源，实现金融的可持续发展，进而实现经济的可持续发展，进行了大量而深刻的研究。

"二战"之后，一些新兴的独立国家，在寻求自身经济发展的同时，也或多或少地遭遇到了储蓄不足、资本缺乏等问题。金融发展相对落后，金融系统效率低下，是制约我国经济增长的深层原因。20世纪60年代后期到70年代初期，一批西方经济学家开始关注金融与经济增长之间的关系，如雷蒙德·W.戈德史密斯（Raymond W.Goldsmith）、格利（John G.Gurley）和E.S.肖（Edward S.Shaw）、罗纳德·麦金农（Ronald L.Mckinnon）等人，都发表了关于经济增长和金融增长的学术著作，并由此建立起了金融增长理论。

一、金融结构、金融发展与经济增长

以往的研究对金融机构、金融工具、金融发展等的界定并不清晰，导致了对金融和经济发展关系的研究仅停留在定性层面，缺乏定量分析。戈德史密斯在国际上首次提出了"金融结构"这一新概念，并将其应用于描述金融发展的层次，对35个国家近百年来的历史数据进行了定性和定量的分析，为我国的金融发展提供了一个新的研究范式。戈德史密斯认为，对现有的金融结构和其变化规律进行分析，是对二者关系进行探讨的先决条件。金融结构是指各种金融产品、各种金融机构以及它们之间的关系。戈德史密斯对金融结构从八个方面进行了定量：第一，金融关联性，即在一定时间点上，以总的金融资产与总的国民财富之比值来度量；第二，各种金融工具结余在整个金融工具结余中所占的比例以及金融资产（类型）在各主要行业中的分配情况；第三，金融资产和各种金融工具的总结余在不同行业和不同产业中的分配情况；第四，各种类型的金融资产在整个金融机构中所占的比例；第五，金融机构在全部金融资产总量中所占的比重；第六，从金融产品类型和金融产品在各个行业中的分配两个方面来描述金融产品的持有人和发行人之间的关系；第七，以上各项指标的流动情况；第八，将资本来源与使用报告作为工具，对各个部门、各个子部门的资本来源、使用与合作伙伴的关系进行了分析，以此来判断各个部门的资本是来源于自身积累，还是来源于外部融资，并判断出在对外融资中，金融机构所占的比例。

根据以上八项指标，可以大概地把一个国家的金融结构划分为三种类型。

第一种类型是金融关联度非常低，债务融资所占比例远远超过股权融资，金融机构中以商业银行为主，这种金融结构表明金融发展还处在初始阶段；第二种类型的融资结构与第一种类型类似，但是，国家和国家控股的金融机构在融资中起到了很大的作用，同时也存在着储蓄和投资相对较低的问题；第三种类型是发达国家的金融结构，它的特点是金融关联度很高，债务融资的比重要比股权融资的比重大，金融机构的多样性也很强，这样的金融结构表明它的金融发展已经进入了一个高层次。戈德史密斯认为，金融发展就是金融结构的转变，不管一个国家的金融结构在何时以何种方式为出发点，从第一种、第二种类型到第三种类型都是金融发展的必经之路。

考虑到政府在国家经济中的角色，这种以金融结构变化为标志的金融发展轨迹有两种，一种是在市场力量作用下实现自身发展，另一种是在政府干预下发展，前者的效率和效果都要好于后者，所以从经济内在规律上来讲，这两种发展轨迹也存在着内生性的并轨趋势。通过对历史数据的分析，戈德史密斯认为，在经济增长和金融发展之间，有一种"明显的大致平行"，当社会财富和人均收入都在提高的时候，金融结构也呈现出了规模越来越大，结构越来越复杂的趋势，并且在经济快速增长的时候，金融发展的速度也更快。不过，他也承认，从历史数据来看，金融发展和经济增长呈现出一种并行的关系，这并不能说明金融发展就可以推动经济增长。

虽然戈德史密斯并未明确指出金融发展和经济增长的内在联系，但其所提出的"金融结构"概念为金融发展理论的建立打下了坚实的基础。

首先，他从"结构"和"规模"两个维度出发，首次把"货币""信贷""银行"和"金融市场"等经典经济学中的金融概念整合到一个金融的理论框架中，为"金融"和"信贷"这两个领域提供了新的研究视角，也对当代宏观金融学的发展有一定的启示。其次，从金融关联比例、金融结构比例、股权债务比例、银行和其他金融机构比例等角度出发，为金融发展水平、金融与经济发展的相互影响等方面，提出了一套完整、简洁、直观地衡量金融发展与经济发展的方法，从而更加重视金融发展与经济发展的相互作用，并为金融发展的相关理论的定量化分析奠定了基础。

二、金融抑制、金融深化、金融发展与经济增长

麦金农和肖以发展中国家为对象，提出了"金融抑制论"与"金融深化论"，在学术界和实务界引起了巨大反响。尽管麦金农和肖的分析在方法和路径上并不相同，但两人分析的前提、所得到的结论和提出的政策框架等都非常接近，所以，他们的理论又经常被合称为"麦金农—肖模型"。

麦金农指出在发展中国家中，各经济主体（企业和个体户）所面临的生产要素的真实价格是不一样的，这就导致了"经济分割"现象。在这样的"经济分割"下，发展中国家的各个经济主体都难以获得与之对等的技术，只有通过自己的"内源融资"，按照自己所掌握的技术进行生产，才能获得相应的投资回报。显然，"经济分割"导致了高度的投资多元化，但回报率却很低。而在发达国家，资本市场可以最大限度地起到分配要素的作用，可以更好地促进存款和投资的流动，从而使实物资产和金融资产的回报趋于均衡。然而，发展中国家的资本市场因其"分割化"特征，很难获得多样化的回报，因而，发展中国家的政府常常因为担忧私营部门无法充分利用投资机遇而对其进行多种形式的干预。其具体表现

为：设定利率上限、利息最高额，实施基于固定汇率制度的外汇管制等。然而，因为国家的介入，在发展中国家的金融市场上，形成了一个以利率—汇率为导向的价格体系。在高通胀的情况下，如果将利率维持在较低的水平，甚至是负利率的状态下，既不能提高社会存款的累积，也不能减少低效的投资，反而削弱了银行对社会存款的吸收以及将其转化为投资的中介功能，这就导致国家的经济发展面临严重资金不足的问题。麦金农把这种情况称为"金融抑制"。

金融抑制政策的理论根源主要是对政策的滥用，其手段包括以下四种。

（一）压低利率

使通货膨胀率居高不下，实际利率被大大压低，甚至为负数。赤字财政和低利率都是凯恩斯主义刺激经济增长的政策处方。

（二）实行信贷配给

实际利率过低，必然导致储蓄率低下以及对投资资金的需求旺盛，而持续的高通货膨胀则更加恶化了这种状况。为解决资金供求严重失衡问题，发展中国家通常实行信贷配给，使资金流向特权企业，其结果是投资效益十分低下。这使我们在发展中国家看到了一种奇特的景观：一方面资金十分短缺；另一方面资金使用效率极低。

（三）对金融机构实施严格的控制

为了便于实行信贷配给，发展中国家又对金融机构实施严格的控制。这种控制涉及方方面面，包括对金融机构要求很高的法定准备金和流动性，使政府获得了大量资金的支配权；限制不利于政府对资金控制的非银行金融机构的发展，对金融机构实施国有化，或设立一些特别的信贷机构。

（四）高估本币汇率

资本品的匮乏是制约发展中国家经济增长的一个重要因素，但高估本币币值的一个必然后果是刺激进口需求，压制出口动力，而发展中国家的国际竞争力本来就弱，因此，外汇的供求会更加失衡。

麦金农指出，在发展中国家，货币和实物资本之间存在着互补性而非替代性的联系。究其原因，一是经济系统的分割性，造成了投资对内源融资依赖；二是投资具有不可分割性。实物投资要取得效益，首先要有一定的规模，其次要有与之相适应的资本。更多的货币累积，意味着更多的实物资本的投入。相应地，对实物资本的投入愈多，所需累积的货币数量也就愈大。货币实物资本之间已不能再互相取代，而是互相补充。

为了说明上述互补关系，麦金农针对发展中国家提出了一个货币需求函数：

$$\left(\frac{M}{P}\right)^{D} = L\left(Y, \frac{I}{Y}, \ d - P^{*}\right) \tag{5-1}$$

式中，Y 是名义货币量；P 是价格水平，为实际货币需求余额；Y 为名义收入；I 为投资；$\frac{I}{Y}$ 为投资占收入比例；d 为各类存款名义利率的加权平均数；P^{*} 为预期通货膨胀率；$d - P^{*}$ 为货币的实际益率。

货币需求对所有变量的偏导数都为正值，即与所有变量都呈现正相关的关系。其中，与投资占收入比例的正相关关系，说明了货币与实物资本之间的互补特性；与 $d - P^{*}$ 的正相关关系则说明了放松利率管制的重要性。在金融抑制政策下，d 被压得很低，P^{*} 则居高不下，使得 $d - P^{*}$ 通常为负值，因此货币的实际需求也很低，没有了货币积累，实际投资也很低。可见，在发展中国家，投资与 $d - P^{*}$ 有时也是一种正相关关系，用函数式可表示如下：

$$\frac{I}{Y} = F(r, \ d - P^{*}) \tag{5-2}$$

式中，r 为实物资本的平均回报率。也就是说，投资占收入比例是由其平均回报率和货币的实际收益率共同决定的，对前者的偏导数是正值，对后者的偏导数在某种情况下为正值，在另外一些情况下则为负值。麦金农进一步解释道，在投资依赖内源融资的情况下，r 的提升会提高 $\frac{I}{Y}$，从而增强人们积累货币的意愿。货币成为投资实现的一个导管（Tube）而非实物资本的替代，资本积累通过这个导管变得容易发生，麦金农称此为导管效应（Tube Effect）。只要投资的平均回报率超过货币的实际收益率，导管效应就始终存在，此时，投资占收入比例对货币的实际收益率的偏导数就为正值。当然，一旦货币的实际收益率上升至超过投资的平均回报率，导管效应就不复存在，货币与实物资产之间的替代效应将出现，此时，投资占收入比例对货币的实际收益率的偏导数则为负值。导管效应与替代效应的关系如图 5–1 所示。

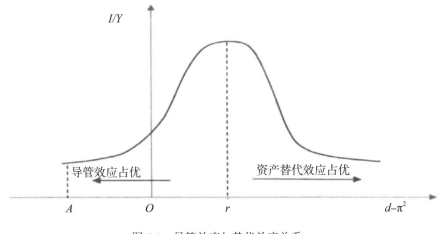

图 5-1　导管效应与替代效应关系

第二节　内生经济增长理论框架下的金融发展理论

在发展经济学的框架下，早期的金融发展理论研究了金融结构、金融深化、金融抑制和金融自由化等对宏观变量（如储蓄和投资）的影响，其核心是把金融部门作为经济增长的外部条件，单纯从资本积累的视角来研究金融发展和经济增长的相关性。20 世纪 90 年代初，伴随着内生增长理论的出现，人们开始把金融行业引入内生增长模型中，并对其在经济增长中所扮演的角色进行了探讨。而在以资产定价模型、MM 定理以及期权定价模型为基础的现代微观金融理论，也是在这个时期逐渐发展起来的，并逐渐趋于成熟。这让大家认识到，金融的含义早已超越了货币和信贷的融资范畴，风险管理、资源配置和价格发现才是现代金融的核心。

默顿（Robekt King Merton）和博迪（Zri Bodie）首次将功能的概念引入金融作用的分析中，从而突破了过去金融只关注货币信用和金融系统的传统观念，而建立起金融功能的新学说。基于内生增长模型和金融功能观的思想，金融发展理论的研究侧重于从经济内生性要求来对金融体系发展的成因进行说明，进而从功能与结构两个方面来界定金融发展的内涵与表现，并引进信息不对称、交易成本、市场摩擦等与实际经济极为相近的假设，对金融发展对储蓄、投资、创新与长期经济增长的影响，以及金融体系的演变等进行了分析。因此，这一轮的金融发展理论通常被称为"内生金融发展理论"。

一、金融功能与金融发展

内生金融发展理论认为，市场摩擦决定了金融市场与金融体系存在的核心基础。斯蒂格利茨和韦斯（Stieglitz & Wess）等学者指出，由于信息不对称所引起的一系列"代理问题"，使市场交易主体在订立合同时产生了信息服务需求。然而，信息的获取、合同的监督以及交易的推进都需要花费大量的资金，因此，金融机构与市场可以通过规模效应来减少信息的甄别与合同监管的费用，并通过多样化的方式来分散风险，减少违约概率，缓解信息不对称等情况。因此，减少交易费用是一种内在要求，也是一种促进经济发展的内生需求。在一种经济体系中，为减轻市场摩擦而形成的金融系统，其基本作用就是对资源的跨期配置产生影响，可以从两个角度，即资本的积累和生产力的提升，来推动经济的增长。莱文（Levin）认为，金融系统在推动经济资本积累和提高生产力方面所起的作用主要体现在五个方面：一是对投资进行生产；二是对资本分配的信息；三是在筹资后，对筹资方的筹资行为进行监控和指导；四是推动风险的转移、分散和管理，鼓励储蓄；五是方便货物和服务的交易。他认为，五大功能中的任何一种，都会对储蓄、投资和经济增长产生影响，而要使五大功能得到有效利用，并使市场上的摩擦得到缓解，就必须有"金融发展"。

二、金融结构与金融发展

内生金融发展理论与发展经济学框架下的金融发展理论有一定的相似性，即对金融发展的研究，主要是从金融结构的角度出发。然而，与戈德史密斯将金融工具、金融市场、金融中介三者有机地组合在一起的"金融结构"不同，内生的金融发展理论认为，经济发展的内生交易成本具有多样性，这种多样性的交易成本与各经济体的法律体系、政策规则、税务体系等因素的组合，这就导致了金融合同、金融市场和金融中介的不同，进而导致了金融结构的不同。从一国经济金融的发展历程及现实条件出发，概括地讲，这种金融结构主要表现为以市场为主的直接金融与以银行为主的间接金融之间的比。在发达国家，金融制度以市场为主，而在发展中国家，金融制度以银行制度为主。因此，什么样的金融结构才能有效地促进金融系统这一作用的发挥，进而促进金融系统的发展，就是内生金融发展理论研究的重要问题。

虽然由银行主导的金融中介系统具有明显的优势，但是从理论角度来看，其在企业信息收集、管理人员监督等方面存在着严重的缺陷，从而严重地影响了企业的资源配置和经济效率。在这种情况下，银行应充分利用自身的信息优势，对经营者进行有效的监管，为企业的发展提供资金，弥补自身的不足，充分发挥其融资职能。而一些声称由金融市场所引导的直接融资有着更大的优越性的理论认为，在这种情况下，市场能够为他们提供更多的风险管理手段，因此，他们可以针对某些特殊的风险管理手段进行定制。对于银行系统来说，其只能针对标准化的业务环境，为客户提供基本的风险管理手段。而以市场为导向的金融制度，则能通过提供专业的金融业务，更好地适应了企业对风险的高度灵活性的要求。因此，随着经济的不断发展，以及资本的不断累积，人们对风险管理手段的要求也会不断提高。一个在良好的法律和体制条件下，可以起到积极作用的金融市场体系，已经成为现代经济发展中不可或缺的一部分。尽管从理论上来分析，以银行为主的金融体制与以市场为主的金融体制在发挥金融功能上存在差异，但从国家层面、产业层面与企业层面看，这两种金融结构并无孰优孰劣之分。这表明，金融体系的核心就是金融服务功能，结构不过是其发挥功能的一种表现形式与载体工具，所以，金融体系的功能不在于由谁来发挥，而在于有没有发挥。

一个国家的金融体系到底是以银行为主导，还是以市场为主导，这与一个国家的发展对金融服务的需要，以及该国的法律、文化、风俗等社会制度的影响有关。相对于金融结构，内生的金融功能在一个国家的发展中更为稳定，而金融结构在这种功能的基础上，也在不断地变化和发展。在金融体系的演化与发展中，两大种子系统，即"以市场为主导"与"以银行为主导"之间，存在着竞争与相互补充的关系。而且，这两种系统逐渐表现出了共同演化发展的特征。无论是发达国家还是发展中国家，随着经济的持续发展，银行与市场的规模都在逐渐扩大，但相比之下，银行系统扩大的速度要慢于市场扩大的速度。因此，从金融结构上来看，金融系统的市场化水平在某种意义上可以反映出金融发展的特点。

三、金融发展与经济增长

基于经济内生性发展而成的金融体系，其自身并不会对经济增长产生正面的影响，内生金融发展理论总结出了金融体系能够通过五项基本功能来促进经济增长，然而，在缺乏实证分析的情况下，人们对这个理论究竟能够发挥多大的作用表示怀疑。20世纪80年代后期以来，以时间序列分析、面板分析以及变量内生性分析为主要手段的宏观计量经济学取得了较大发展。在持续改进数据库的过程中，内生金融发展学者对金融发展和经济增长展开了实证研究。由于经验分析是内生金融发展研究的关键部分，有些文献将内生金融发展理论统称经验金融发展学。

戈德史密斯是第一个提出金融发展和经济增长存在相关性的学者，但由于未考虑其他影响经济增长的因素，无法确定两者之间是否存在着直接的因果关系。金（Kim）和莱文（Levine）还利用各国的数据，对其他与经济增长有关的指标进行了分析，结果表明，银行系统的发展程度和金融系统的发展程度都是一个稳定的指标。同时，贝克（Beck）等人在放松了对最小二乘法的基本假定后，利用工具变量法和动态面板估计技术，对金融发展和经济增长的关系进行了实证分析，并给出了更为普遍的实证依据。格兰杰因果分析（Granger Industries）为实证研究提供了一种新的研究思路。乘数模型是一个比较高级的计量经济学工具，它可以和格兰杰的因果分析检验相结合，起到互补作用。拉詹和津加莱斯（Rajan & Zingales）首次运用这一方法，从行业对比的视角，对金融发展对经济增长的推动效应进行了实证检验，并将其运用到了金融发展对经济增长的影响效应，以及金融发展政策对金融系统的影响效应分析之中。

2008年，随着发达国家金融业的过度扩张，出现了一场席卷世界的金融危机，内生金融发展理论中，对金融发展与经济增长关系的研究，开始从异质性角度入手。伊尔马兹库迪（Yilmazkuday）在跨国界的研究中提出，要想获得金融发展对经济增长的影响，需要一系列的"门槛条件"。对于任何一个国家来说，高通货膨胀都将削弱金融开发对经济增长的作用；同时，对于国家规模和贸易开拓程度的门槛效应，也具有不同的国家差异：低收入国家规模太小，或者高收入国家规模太大，以及低收入国家贸易开拓程度不够，都会导致金融发展对经济的促进作用降低。阿坎德（Akande）等对是否存在金融发展对经济增长不再具有积极影响的门槛效应，进行了检验。本书采用各种研究手段，证实了中国的"金融发展过快"这一现实，也就是只有中等收入国家的金融发展对经济增长具有显著的积极作用，而对于发达国家来说，金融发展对经济增长的影响则呈现出减弱的趋势。如果民营企业的借贷达到GDP的100%时，金融业将会严重阻碍经济的发展。而在此次金融危机中，民营企业的借贷已经达到了GDP的150%以上，这种金融过度的发展，将会引发一场更严重的金融危机，会让所有国家的经济都陷入衰退之中。

四、金融发展与技术进步

在内生金融发展理论中，提出了一个关于金融发展对经济增长的影响机理，它不但能够完成资金的累积，而且能够提高资金的配置效率，促进知识的积累，推动生产效率的提升。因此，科技创新是金融发展促进经济增长的一条重要路径。由于内生金融发展理论主要从功能和结构两个方面来研究金融发展，因此，有关金融发展对技术进步的作用也是围绕这两个子体系来展开的。

金融系统的核心功能是通过"信息产品"来降低信息不对称所带来的摩擦，通过对企业信息的搜索和对企业行为的监控，可以使金融系统得到最丰富的信息，从而通过筛选、降低融资成本和降低风险的机制，推动企业的技术进步。首先，为了安全起见，金融系统在将社会剩余资金注入企业中时，必然会根据企业现有和未来的生产技术先进程度，对企业的未来收益做出判断。因此，在这一背景下，金融系统能够为企业提供一种有效的方法，帮助企业实现产品和生产流程的创新。其次，艾金（Aikin）从技术创新的视角，研究了金融系统在技术创新中的作用。在他看来，可以把企业的投入分为三类：短期项目、长期项目和研发项目，将其他项目的投资转向研发项目，会产生一定的调整费用。金融体制越先进，为企业投资项目调整所提供的融资服务就越及时，企业的研发投资成本就会大幅下降，所以，金融发展对即时创新的积极作用也会提高。最后，创新的风险很大，而金融系统的发展可以为风险分散、转移和交易等提供多种管理工具，这将大大促进企业的创新，并推进企业的技术进步和经济的增长。

内生金融发展理论认为，金融功能的载体是金融结构，以银行为主的债权融资与以市场为主的权益融资在推动技术进步时的功能与效果是有很大不同的。首先，从降低资金投入角度来看，权益性资金对促进企业技术创新的作用远大于债权性资金。这是因为，股票投资者从企业长期发展中获取利润，他们在投资时不需要什么担保。并且，在企业要进行扩股融资时，他们也不会让企业的真实财务情况变得很难，所以，在企业进行技术创新时，他们可以为企业提供足够的自由资金。其次，股票市场为股票的定价提供了一种有效的反馈作用。卢博斯（Lubos）和韦罗·勒斯（Weiler Roth）认为，关于创新前景的信息非常少，而且很难掌握，这就导致了一系列的备选方案，使对创新项目进行评价变得非常困难。股权市场能够为企业提供及时、均衡的股票价格，这使企业的创新性投资机遇能够对企业管理层产生积极的影响。过度依赖外部融资的行业中存在着大量的信息不对称的创新投资机会，成熟的股权市场能够更好地激励创新，实现资源的高效配置。最后，在风险防范方面，金融市场应该比银行制度的作用更大。霍尔（Hall）

和勒纳（Lerner）认为，技术创新所产生的风险不仅仅是某种分布特性所决定的，对高科技行业来说，股权市场可以为其提供多样化的风险分担工具，并且可以为其提供与其风险水平相匹配的高期望回报，而不是仅能从其自身获得固定回报。

总体而言，现代金融发展理论从功能和结构两个方面对金融部门促进技术进步的机理进行了研究，其基本思想是一致的，区别只是何种金融功能和何种金融发展结构可以发挥更大的作用。而且，在对这一问题的研究中，外国学者往往倾向于对其进行跨文化的对比。这样的国家间的实证对比，可以为得出实证结果提供严密的技术保证。然而，外国学者的相关研究也有不足之处：或是把发达国家的金融业发展作为参照，或是侧重于国际上的宏观经验，这显然忽视了各国的经济发展、法律制度、要素禀赋和历史环境的差异，所以，这些都没有给发展中国家带来多大的实际借鉴意义。这些外国专家的研究，在对微观企业市场行为、交易信息以及合同合约等信息进行深度分析的基础上，分别对西方发达国家的企业行为展开了分析，对于发展中国家来说，难以获得有效信息。所以，对此类研究成果的借鉴，没有多大的意义。因此，对于外国学者的看法，需要根据该国的经济发展现实，尤其是金融部门发展的现实，采用合理的经验研究方法来进行检验。

第三节　熊彼特主义的创新与产业动态理论

熊彼特是现代创新理论的提出者，其理论学说使其在经济思想史的占有特殊的位置，这是其最大的成果。熊彼特因其对资本主义本质特性的阐释，以及对资本主义产生、发展、走向衰亡的"创新理论"而享誉世界，并对后来经济学的发展与研究产生了深远的影响。

一、新熊彼特理论的发展历程

战略性新兴产业是国家的一项重大产业发展战略，其在引领地区经济转型中的地位越来越明显。然而，站在产业生命周期的视角看，战略性新兴产业还处在发展期乃至培育期，它的商业模式和技术创新方式还处在摸索之中，行业发展的各个方面还需要不断地完善。战略新兴产业不仅具有技术密集型产业集群的内生增长特征，也具有传统产业的演化特征，因此，通过传统产业的理论研究路径研究战略性新兴产业是不恰当的，不能确切地反映战略性新兴产业的实际发展规律。

"创新理论"是熊彼特于1912年在《经济发展理论》中提出的，后来又通过《经济周期》《资本主义、社会主义和民主主义》等著作，发展出一套独具特色的理论体系。而"新熊彼特主义"则是在熊彼特创新理论的基础上，在过去三十年里发展起来的一种跨学科的理论体系，主要围绕创新活动展开研究，其核心思想仍是探索如何解释新兴产业的发展，如何理解新兴产业的产业结构演变等。

新熊彼特理论无疑对研究产业演化过程具有重要价值。但是，由于新熊彼特理念本身的多样性，其对新熊彼特学说的概括与总结也有很大的不同。例如，盛昭瀚在研究开发策略和投入策略的基础上，构建了一个新熊彼特的产业演化模型，并对我国劳动密集型、技术密集型产业的演化进行了数值模拟。颜鹏飞对新熊彼特理论的起源、基本特点进行了较为系统的论述，并重点论述了其由公共部门、金融市场和工业部门三个层面所组成的基本结构。同时，还提出了以产业领域为核心，通过政府、金融等方式对工业领域进行政策、资金等方面的支持，能够推动产业方面的革新。之后，徐承红又运用新熊彼特的地区经济演化理论，对地区经济的产业集聚、空间扩散、要素供给与需求进行了分析。新熊彼特理论在对产业组织演进的考察中，表现出了更强的系统性理论优势。尤其是在对我国战略性新兴产业的研究中，创新是产业发展的基础，其发展的显著特征就是产业结构的不断调整和演变。只有在企业的创新和结构的演进中找到一个平衡点，才能真正把握战略性新兴产业的发展规律。从这里可以看出，在对我国战略性新兴产业的研究中，新熊彼特理论起到了重要的作用。但是，已有的文献并未将新熊彼特理论与中国产业发展的现实相结合对中国工业发展的相关问题进行深入的探讨。

二、传统熊彼特主义的创新与产业发展理论

（一）熊彼特创新理论的核心内容

熊彼特把对社会生产周期现象的分析当作他的理论研究的起点，把生产看作一种最根本的经济活动，是一种把各种因素通过组合（Combination）来获取产品和服务的过程，而把这些因素结合起来的方法就是技术水平。瓦尔拉斯一般均衡理论是指在一个固定不变的外部条件下，通过价格机制对生产要素进行最优分配，达到一种静态的经济平衡。但是，由于竞争和利润的驱使，在现阶段的生产过程中存在着一种内在的动力，当这种动力达到一定程度时，就会产生变革。熊彼特给创新下了这样一个定义："构建一种新的产品功能。"对生产因素进行"新组合"，其具体表现为：引进一种新的产品，或者是一种新的品质标准；在生产过程中引入一种新的生产方式，或者是一个新的商业处理模式，其并没有在生产部门实践过，也不需要以科学验证为基础。开拓一个新的市场，一个过去从未涉足的市场，不论过去有没有；掌握新的原材料和半成品供给渠道，不管以前有没有这种渠道；创建一种新的行业组织，比如，打破一种产业模式，或者开创一个新的产业领域。熊彼特对"创新"与"发明"进行了区分，并指出"发明"是指创造性地开发出具有一定潜力的新型的生产方法的活动；而"创新"则是一种将新的商品、新的生产方法引入一个企业的生产流程中，并由此获得一定的经济利益的活动。因此，发明是一种未经历过经济发展过程的科技进步，是一种单纯的科技概念；而创新则是科技进步逐渐商品化和产业化的过程，其应当是一个经济学领域的概念。

熊彼特认为，新要素的组合是一种很常见的现象，其表现形式有两种：一种是不断对原有要素的组合进行微调，这种改变并不会引起新要素的产生，而是被称为"经济增长"。另一种是，持续地出现全新的要素组合形式，这些变化会产生一些新的发展特征，我们称其为经济发展。在市场竞争的情况下，新要素的结合将通过竞争淘汰掉旧的要素结合模式，新要素结合的最初步骤是通过使用闲置的生产要素来实现的，随着旧要素结合模式被淘汰，资源将继续流向新的要素结

合模式。通过不断的质量变化和不断的革新，可以更加有效地配置资源。在这种情况下，创新与创造性毁灭作为一种资本资源的分配方式，与价格机制共同驱动着经济由一个技术层面的均衡走向另外一个技术层面的均衡，实现了资本经济的内生性发展。熊彼特把创业者的功能定位为"把新的要素组合起来"，把创业者看作"创新的主体"。创业者与资本家不一样，后者是拥有财富的人，前者是创造财富的人；创业者与管理者之间存在着很大的区别，二者都参与了要素的整合，但创业者的作用是创造新的要素，管理者的作用是维持已有要素；创业者与发明人也有很大的区别，前者只是发现了新的要素，而后者则是将新要素引入生产流程中，使新要素的潜在的经济效益变为现实。一个创业者应该具备三项超凡的素质：一是要具备战略性的视野，能够从革新中发掘出潜在的商机；二是要勇于创新，勇于突破；三是要具有较强的领导能力，能够对各因素进行合理的组合，以获得更大的利益。

（二）竞争、创新与结构——熊彼特范式的创新与产业发展

熊彼特以"创新"为研究对象，以"竞争"为切入点，对"创新"和"产业发展"两个问题进行了探讨。对于不同的企业来说，其拥有的能力也具有一定的独特性，进而表现出相应的动态学能力，在企业的各层面上都可以发现这种异质性的存在。

熊彼特认为，在同一产业中，甚至不同产业中，为了获得更多的成本和价格上的优势，多个企业之间开展竞争，是资本主义经济发展的基本特征。这些企业之间的竞争，是建立在他们所能提供的产品和服务之上，竞争的结果就是，一些企业会发展壮大，一些企业会衰落，一些企业会退出，还会有一些新企业的进入。在整个竞争的过程中，主要表现为在位企业和新进入企业之间的创新以及随后而来的模仿和适应调整。引进独特的创新技术可以有效防止竞争对手的模仿，从而快速提升市场占有率，提高行业的集中度。熊彼特提出了"创造性毁灭"这个概念，用以描述创新的实质及其所导致的产业结构变化，并提出了核心驱动因素是获得超过其他竞争者的相对收益，而非单纯的经济收益。

熊彼特在其著作《经济发展理论》和《资本主义、社会主义与民主》中，以竞争结构为切入点，提出了两种不同的"创新"与"产业结构"的创新范式，并被后世学者归纳为熊彼特创新模式 I（Schumpeter Mark I）和熊彼特创新模式 II（Schumpeter Mark II）。采用熊彼特创新模式 I 的企业大多表现为：企业所处的产业领域的市场环境不稳定，准入壁垒较低，基本处于完全竞争的状态。在这一产业领域，大部分的创新都是由新进入的创业企业进行的，而企业之间的创新竞争模式则表现为新进企业逐步替代在位企业的"创造性毁灭"模式。采用熊彼特创新模式 II 的行业，其特征在于：整个产业处于相对稳定的市场环境、行业准入壁垒较高、大多数的创新都是通过已存在的大企业来实现的。此时，企业之间的创新竞争模式是"创造力累积"，即在位企业沿着已建立的技术轨道，通过强化自己的技术优势来进行创新。

　　这两类企业的创新范式存在着明显的差别，其原因在于企业所处的产业背景以及企业的创新主体不同。"创新"这个观念是熊彼特于 1912 年在《经济发展理论》一书中首次提出的，其目的是弥补传统经济学对经济进行静态分析的不足，他认为，与经典经济理论一样，企业的创新行为也是在一个完全竞争的市场条件下发生的。在完全竞争的市场条件下，因为企业的规模通常都比较小，难以负担技术研发的费用。技术进步具有外部性特征，而对于中小企业来说，最大的贡献就是感知到了先进技术背后的机会，并勇于冒险，把技术商品化。熊彼特 1942 年出版的《资本主义、社会主义与民主》中首次提出创新的市场经济条件，他认为，不仅现实中不可能出现完全的竞争，而且从理论上讲，其与经济发展也是格格不入的。在熊彼特看来，所谓"完全竞争"指的就是某些新兴产业可以自由地进入，但是环境的极端自由对于个人来说却是极端的不自由，所以进出新的产业领域几乎是不可能的。在完全市场竞争环境下，企业的技术效益并不高，不但无法实现资源的最优配置，而且会造成资源的浪费。与此同时，熊彼特还发现，大型企业在整个产业中起着举足轻重的作用，特别是大型企业一般都拥有自己的研究与开发部门，有能力承担研究与开发方面的投入。并且，随着大企业对研究开发的投入，其创新结果在商品化之后，通常都会产生较大的额外收益，从而逐步增加了市场集中度。这说明，在非完全竞争条件下，技术进步不应是外部性的，而应是大企业作为技术创新的主体。在此基础上，熊彼特对"竞争、创新、产业"三者之间的关系进行了分析，并将其归纳为"熊彼特假说"：第一，在不完全竞争的市场环境中，企业规模越大，创新越有效。第二，随着产业领域的高度集中，企业所具有的强大的市场实力，对创新具有较强的促进作用。此后，从 20 世纪 60 年代起到 90 年代末，"熊彼特假说"的理论修正和实证检验一直是产业经济研究中的热点问题。

熊彼特的创新理论刚一提出，就在西方经济学界引起了轩然大波，但直至熊彼特于 1950 年逝世，其理论学说仍未得到西方主流经济学的认可。这一情况的产生有两个原因：一是熊彼特的本意在于对经典经济学中的价格机制系统做一个补充，而非替代。但是这两种理论在对经济运行进行描述时，所给出的机制和蓝图却存在很大的区别。创新驱动经济理论给出的是经济动态不连续的波动，而价格理论体系给出的是经济静态连续的循环，因此，要想在创新的动态机制基础上，来对资源配置和经济发展进行分析和考察，就必须在动态假设的价格理论基础之上与之进行配合，但是熊彼特对此却没有进行深入的研究。二是熊彼特所提出的创新经济理论和凯恩斯（John Maynarcl Keynes）的宏观经济学是同时出现的，这对于熊彼特而言，是一个相当倒霉的时期。"二战"后，世界的经济呈现出一片颓废的景象，凯恩斯理论的出现正好可以准确地判断这一时期遇到的经济问题，并指出了解决这些问题的方向，而熊彼特的创新经济理论在这方面却没有发挥作用。

熊彼特从创新和产业发展的动态性出发，着重指出与创新和工业发展有关的论述中存在两个问题。首先，熊彼特认为创新是推动产业发展的重要因素，但却把创新看作一个"黑箱"，并没有对其内在机理和影响因素进行清晰地阐释，也没有对其产生的条件和作用机理进行准确而细致的说明。其次，熊彼特强调了创新在产业发展中的重要地位，但忽略了技术发明特别是具有突破性意义的技术发明在产业发展中的重要作用。实际上，学术界已逐渐认识到，熊彼特把"创新"和"发明"严格区分开来，是对"创新"的误解，因为"创新"在本质上具有不同程度的分散特征。就算是从熊彼特提出的两种创新模式的范式来分析，也可以发现，无论是创新还是创造性发明，都会对产业的发展产生重要的推动作用。由于熊彼特早期理论的不足和产业组织理论中 SCP 范式的出现，关于创新和产业发展的研究逐渐转向了对熊彼特两个假说的验证。同时，随着博弈理论的日趋成熟和广泛的运用，这一热点也逐步转移到了对企业研发投资战略和专利申请等方面的竞争研究。在 20 世纪 70 年代末至 80 年代初，一些学者以熊彼特的理论观点为基础，对创新与产业演变、结构变迁之间的关系进行了理论研究和实践验证，虽然这些学者的研究思路与理论模式并不完全符合熊彼特的观点，但他们都秉承了熊彼特的"以创新为中心""以动态为导向"的研究思路，并进行了深入的研究。为区别于以往的研究，通常以"新熊彼特主义者"来标识基于创新角度研究产业动态与演化发展的理论。

三、新熊彼特主义的创新与产业发展理论

（一）新熊彼特理论的内容解析

1.熊彼特理论中的创新：动因与作用分析

（1）创新与产业技术进步

目前，我国战略性新兴行业面临着产能过剩，核心技术缺乏，政府干预不当，金融支持不足等问题。而最大的问题就是缺少核心技术。由于缺乏核心技术，使得企业采取低价竞争和规模扩张等策略来获取市场份额，并最终导致了企业的产能过剩。由于缺乏核心技术，政府在制定产业政策的时候，会更关注产业发展的短期利益，而忽视了企业的长远发展，从而造成了产业政策的不当介入。核心技术的缺乏也导致了企业在产品上缺乏差异化，从而使规模导向型的发展模式更加固化。核心技术的缺乏也会对产业生产效率的提升产生直接影响。

新兴产业发展的核心是技术创新和商业模式的创新。战略性新兴产业生产效率的提升也主要体现在，通过产业创新机制的有效运行，推动企业对研发投入的比例进行优化，从而使技术进步对产业增长的贡献被持续放大，并超越实物要素

的作用，成为决定产业发展成败的关键投入，进而形成产业创新生态，也就是各种对产业技术进步和创新发展有重要影响的因素，可以通过激励微观个体加强研发投入、保障中观产业创新有序发展、促进宏观经济实现稳定增长来共同发挥作用。因此，研究新兴产业的发展绩效，实质上就是对技术创新与商业模式创新的研究。

（2）创新推动产业发展绩效提升的动因分析

我们都知道，在现代产业发展中，即使在同一个国家，同样的制度环境下，不同产业的发展绩效也会有比较大的差别。维多恩定律认为，经济增长速度与产业生产效率有着密切的关系。所以，只有对经济增长速度进行深度解析，才能对工业生产的效率做出合理的解释。以索尔特（Salters）为代表的成长理论认为，科技进步是一种经济成长的基础。索尔特认为，技术进步速率的不同是导致企业产生产效率出现差异的原因。具体来说，主要表现在以下几方面。

第一，技术创新是企业绩效提升的供给驱动因素。索尔特等人则是从供给视角出发，对创新驱动产业绩效提升的原因进行了深入的研究。这种差异主要来自劳动力效率的差异、要素禀赋结构的差异和技术水平的差异。但是，劳动力效率和产出效率之间存在着较大的不一致性，无法对产业发展表现的差异做出合理的解释。而要素禀赋结构的差别主要来自两个方面，即技术层次和行业内在特征，其对生产效率的解释力也比较有限。索尔特认为，不同行业之间的生产效率差距，主要来自技术进步率的不同，这导致了生产效率的不同，使产品的相对价格降低，并最终导致了市场需求扩张率的不同，产出也出现了相对增长的情况。

第二，创新对企业绩效提升的需求驱动机制。卡尔多（Nicholas Kaldor）等人更关注的是市场需求的作用机理，他们认为，市场需求增长率的改变会使产品的相对价格降低，导致生产部门出现规模效应，从而大幅提升生产效率。而这正是由于技术的进步，才导致了市场需求的增加。卡尔多的观点与索尔特的观点不同，他认为"需求"比"规模"更有说服力，而"规模"则是推动行业发展的主要因素，这一观点对像重工业这样的高成本行业的发展更有启发作用。

这两个理论对战略新兴产业的发展都有一定的指导作用。对于医药、能源和机械制造等行业而言，因为禀赋结构的改变会对产业成本的变化产生很大的影响，所以可以利用技术进步，有效地降低相对成本，进而实现产业的快速发展，并促进产业绩效的迅速提升。因此，从这个角度来看，供给动因的作用更加明显。但是，在新一代信息技术、新能源汽车、高端装备制造等产业中，因为在原来的产业禀赋结构中，资本份额大于劳动份额，技术贡献率比较高，所以供给动因的作用并不显著。另外，因为行业的需求弹性很高，而且在整个行业中，不可变成本所占的比例也很高，所以，由需求端改变而产生的规模效应，会对行业的发展产生很大的促进作用，所以，市场需求在行业中的战略位置更加重要。

从一般意义上讲，生产效率的差异从本质上是来自技术进步的不同，就新兴产业而言，技术进步源于有效的创新行为，这其中既包含了对原有生产技术的替代所导致的要素需求结构的改变，也包含了新工艺和新材料的应用，以及由此导致的产品使用方式的改变。

战略性新兴产业的发展是建立在技术应用的突破之上的，并为发挥新技术优势，而衍生出适应性的生产模式、融资模式和盈利模式等。所以，创新发展无疑是新兴产业发展的基础，也是其成败的关键。

技术创新和商业模式创新都取得了突破，在行业内形成了一个有序的创新生态。首先，技术创新能够直接将低成本的原材料运用到生产中，使传统工业既有的要素结构发生变化，使新兴工业的物质形态得以形成，进而大幅降低了成本收益的比重，提高了产业绩效。其次，从生产模式、融资模式、赢利模式等三个方面，对产业领域的企业经营业绩进行了提升。商业模式创新可以通过改变行业内、外部与之相关的利益体之间的生产关系和商业关系，使新技术的优势得到最大限度的发挥，并对新技术发展所需要的社会资源进行整合，进而降低产业的交易成本，提高产业的运营效率和发展绩效。最后，因为创新机制得到了改进，创新地位得到了提高，所以在整个产业中，都会产生一种崇尚创新、鼓励合作竞争的产业文化。在企业的层次上，它会促使企业形成一种有利于发展绩效提升的管理方式和文化，营造出一种与时代发展需求相适应的创业氛围，从软环境的角度来提升产业发展绩效。

（3）熊彼特理论中创新作用的静态和动态分析

熊彼特将创新置于产业发展的核心位置，并提出创造性破坏可以对经济循环产生影响。从主要创新事件、创新浪潮的起落来看，工业社会发展史可划分为三个长周期：1787—1842 年是产业革命发生和发展时期；"1843—1897 年为蒸汽和钢铁时代；1898 年以后为电气、化学和汽车工业时代。熊彼特认为，创新是一种新的生产功能，它是对原有的生产因素进行重新组合，或者是将新的生产因素引入生产实践中，从而使社会生产发生根本性的变化，进而提升社会的生产潜能。这主要表现在两个方面：一是新的商品和劳务的创造，也就是产生了新的市场、新的产品、新的生产方式，掠取或控制新的供应来源，以及采用新的商业模式，比如通过先进技术获得产业的垄断地位等。二是在已有的生产要素投入条件下，获得更大的产量和更大的价值，从而使整个产业的发展水平得到提高。熊彼特认为，创新是一种内在的生产活动，其能创造出新的价值，从而促进经济的发展和社会的进步。本项目以熊彼特的理论为基础，分别从静态与动态两个层次对创新在战略性新兴产业发展过程中的作用进行了研究。

第一，创新作用的静态分析。静态过程指的是从新兴产业发展前后对比的角度，来对创新在产业发展中所起到的作用进行研究，主要指创新可以通过改变产业对于要素的吸引力，来创造出更有利于新兴产业发展的环境。例如，在新兴产业发展的早期，市场对于产品的价格比较敏感，而生产对于成本也比较敏感，整个行业处于需求弹性和供给弹性都比较高的阶段，而传统行业因为市场和生产都比较成熟，所以对于价格变化不是很敏感。在这种情况下，有效的创新能够让产业的效益得到提升，让新兴产业部门相对于其他传统产业部门的收益率得到提升，从而吸引资本和人力资源的流入，降低产业的成本，并利用规模效应降低产品的相对价格，实现市场份额更大比重的增加和产出相应的扩大，逐渐完成对传统产业的替代，进而改变国民经济的产业结构。

另外，由于新的生产要素的引进，创新也会影响到各种生产要素的相对收益率，从而引起要素禀赋结构的变化。从比较优势的角度来看，这种差异将导致新要素禀赋结构的改变，并使新要素的供给结构发生相应变化，为新兴产业的发展带来更多更好的机会。

第二，创新作用的动态分析。动态分析则是从时间序列的视角，以发展的眼光来考察创新的作用。

首先，技术创新对各个行业的发展起到了决定性作用。创新可以使某个产业部门的生产成本大幅度下降，或者使消费者的用户体验得到提升，因此，它将进入一个快速发展和扩张的时期。而在产业步入成熟期之后，产品从高档品转变为必需品，这时创新效率就会降低，供给和需求对于价格敏感度也会降低，同样地，技术投入的回报率会大幅降低，所以研发资源会趋向于流出该产业，流进新兴产业，从而完成新一轮的产业替代循环。在这一时期，该产业会逐渐进入萎缩期，直至其发展速率被后来者超过。

其次，技术创新对一国民族产业谱系中主导产业更迭的有序演化起到了决定性作用。从一个国家的产业谱系来看，所有产业都可以划分为低增长产业、高增长产业和潜在高增长产业三类。新兴产业属于潜在高增长产业，处于扩张阶段的传统产业属于高增长产业，而处于收缩阶段的传统产业则属于低增长产业。创新是影响各产业发展的重要因素，其作用机理是影响各产业在产业周期中的定位，进而影响一国产业谱系的内涵和产业之间的动态更替。创新既是产业更替的原动力，又受到市场发展的制约。在促进新兴产业发展的时候，政府不能违反创新的发展规律，强制发展那些还不具备成熟创新条件的新兴产业，否则，不仅会造成巨大的资源浪费，而且会贻误发展的好时机。

最后，技术创新对国家产业结构的发展也起着决定性作用。高增长行业所占主导地位的行业谱系的变动，并不会必然导致产业结构的变动。这是因为在一定时间尺度上，高增长产业也可以由技术水平相近、技术密集程度相近的两个产业集群所组成，但这一谱系的变迁并未带来产业结构的整体提升。一个国家的产业结构要想实现升级，就必须有大量的创新，其中，率先取得突破的产业会产生扩散效应，提升整个行业的技术集中度，导致总体生产要素发生变化，进而促进产业结构的升级。

在面对持续变化的需求和市场竞争形势时，只有进行创新，持续实现发展，新兴产业才可以形成一种永续发展的不竭动力，并具有较强的核心竞争力。所以，在新兴产业中，创新发展是一个比较强大的核心竞争力的表现。熊彼特的"创新理论"强调，只有当新产业取代旧产业时，创新的"创造性毁灭"功能才能得到了最大限度的发挥。自熊彼特的理论提出以来，他就在寻找一种解释现代产业发展的方法，可以说，在熊彼特的理论中，创新和产业结构的演变是一个非常重要的问题。而新熊彼特理论则是基于熊彼特理论，并结合众多成熟学科的研究成果，在基于产业结构演变视角的优势理论指导下，提出的一种综合考虑多种要素、多层次发展的分析框架。

2. 新熊彼特理论的科学认知

新古典经济学将经济分析分为微观与宏观两个层面，并通过建立微观个体决策集成宏观结果的机制来模拟在给定经济结构的前提下的市场均衡。新熊彼特理论提出，经济发展的本质是经济结构的改变，其核心是制度体系的改变，因而，新熊彼特理论将产业发展理解为一个复杂系统的"螺旋式"进化机制，而非新古典经济学所提倡的"价格中心论"。新古典经济学不仅重视从微观和宏观角度来进行研究，而且注重中观层面的研究成果，并以此来对系统动态过程中的结构变化问题进行分析，并最终形成微观—中观—宏观的分析框架。新熊彼特理论借鉴了这一分析模式，将对产业发展的研究也分为微观、中观和宏观三个层面。其中，中观层面处于最为核心的位置，其联系起了微观企业个体决策和宏观产业经济的发展结果。因此，在产业发展的结构性转变过程中，中观层面的研究分析应当引起人们的重视。

根据新熊彼特学说，三大部门的共同努力，将会对新兴产业的创新起到最大的推动作用。从产业研究的视角，新熊彼特理论把新兴产业的发展过程总结为一条中观轨道，并且指出三大部门在新兴产业发展的各个阶段所扮演的角色是要动态地调整的。在这三大部门的共同调节和推动之下，就构成了一个中观层面的产业运行轨道。结合以上关于三大部门在战略性新兴产业发展不同阶段的作用机制，将战略性新兴产业发展的中观轨道整理如表 5-1 所示。

表 5-1　中观轨道中三大部门在战略性新兴产业发展不同阶段的作用

名称	萌芽期：中观 1	成长期：中观 2	成熟期：中观 3
产业部门	新兴产业发展基础（技术基础、人才基础、物质基础）	新兴产业的成长，旧产业衰退消亡	形成稳定的新型产业结构
金融市场	面临产业发展初期的不确定性，提供启动资金支持	资本在新兴产业间和产业不同环节内部进行有效配置	形成稳定的金融支持体系
公共部门	引导要素集聚，政策支持，以及基础设施建设	协调多部门共同支持，逐步增强市场机制作用	保留交易秩序管理、法律执行等作用，政策作用降到最低

新熊彼特理论的中观轨道由三个所谓的支柱构成，即产业部门、金融市场和公共部门，轨道的发展方向也是由这三个部门的共同作用来确定的，并强调了三者之间的协调。唯有这三个部门相互作用，才能充分调动微观主体的创新能力，使其在中观层面上实现生产力的转换，进而实现宏观层面的经济增长。为此，新熊彼特理论提出了"产业部门、金融部门和公共部门三个维度"的理论框架，并将科技发明和技术创新作为一种内生的经济发展的产物，其发生和发展都呈现出一种动态性的非均衡特征，并将制度变迁、有限理性假设、创新浪潮等现代经济学理论和方法结合起来，从而揭示出科技发明和技术创新的内在机理。

在新熊彼特理论框架中，理论的最终诉求是产业创新，但着重从企业的创新动机角度去阐释企业的创新行为，如图 5-2 所示。在这种情况下，一方面，消费者在商品市场中产生了对商品的需求，并且政府在商品市场中对商品的供给和需求进行了补贴，从而促进了商品市场的发育。另一方面，居民和消费者的存款构成了资本的供给主体，大量的资本聚集在一起，能够为新兴产业的企业提供资金支持，进而为新兴行业的发展提供了必要的市场和资金条件。

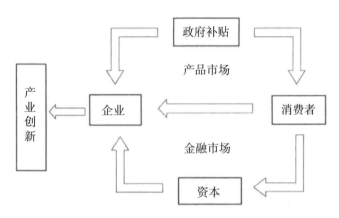

图 5-2　新熊彼特理论的基本框架

3. 新熊彼特理论的拓展：对新古典经济学方法的融合

尽管现有的新熊彼特理论在对结构变化这一典型问题的解释上存在着一些局限性。但是，不可否认的是，新古典经济学历经数百年的发展，其对经济问题的洞察力、分析手段的精度、研究视角的广度，都值得新熊彼特经济学学习和借鉴。特别是在对问题定性基础上的定量研究方面，新熊彼特理论显示出了明显的不足。因此，新熊彼特理论应该积极地借鉴新古典经济学的研究成果，吸收新古典经济学在观察和分析经济现象时所使用的研究工具，并借鉴其中的量化研究方法，以增强自身理论的解释力。

从以上分析我们可以看出，对于新熊彼特理论的研究，应该在原有的研究理论的基础上，再进一步地完善。具体而言，主要表现在以下几方面。

第一，将产业发展的外部环境与产业创新紧密联系起来，使产业发展不再是一个独立于外部环境的存在，从而丧失对产业发展的理论解释和对实际的指导作用。

第二，将经济中的"内生"视角引入企业创新的研究中，考察不同要素如何作用于企业要素配置、创新决策和产业结构演化，以深化新熊彼特理论对产业创新的理解，并将新熊彼特理论与新古典经济学相结合，以更好地发挥新古典经济学的作用。

第三，运用新古典经济学中的实证研究方法，对新熊彼特的论证逻辑进行了改进。也就是，用产业运行的数据来对现有的解释进行检验，并对数据期间的产业发展绩效进行探讨，从而为产业的进一步发展提供有针对性的建议。

新熊彼特理论的研究框架应该由研究框架、影响因素及其作用机制、实证研究这三个方面组成，如图 5-3 所示。其中，本书借鉴了传统的熊彼特理论框架，将新兴产业内生性创新能力置于宏观、中观和微观三个层面的研究范式中。具体内容体现在以下三方面。

第一，研究框架界定了研究是立足于宏观层面的新兴产业整体发展趋势，还是中观层面的新兴产业创新发展，或是微观层面的企业决策，进而确定了本书后续的研究方法与思路。

第二，基于新熊彼特理论，从公共部门、产业部门和金融市场三大领域，分析了政府主导下的公共资源再配置、市场需求主导下的利益激励、资金驱动下的技术创新可行性提升三个层面，并分析了各层面的效果差异，以验证新熊彼特理论对技术创新状态的理解。

第三，对新兴产业现状的数据进行检验，从而实现对新兴行业现状的客观评估。因此，在新熊彼特的理论框架下，可以更全面地考察新兴产业的发展。

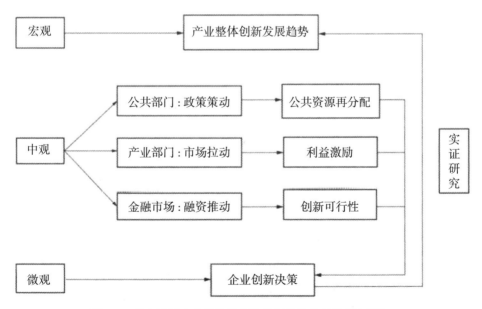

图 5-3　融合了新古典经济学方法的新熊彼特理论研究框架

（二）创新与产业动态发展的计量经济学分析

20世纪80年代末到90年代初，计算机技术的发展和新兴企业数据的不断涌现，为研究创新和产业发展之间的关系带来了便利。借助定量的方法，对创新与产业之间的基本结构、统计规律和构成因素进行了识别、度量和阐述。例如，在产业领域，企业规模的分布情况基本呈现出右偏的特点，但存在着跨部门的差异；企业规模和企业成长的相关性受企业年限的调节；与企业的异质性紧密联系在一起的独特盈利能力评价。在实证研究中，不仅考察了创新所扮演的特殊角色，而且发现了一些特殊的因素，也对创新产生了重要的影响，受到了研究人员的关注。

首先，本书从行业内部的高异质性视角，考察了产业内部的高异质性如何影响企业的创新，并将其视为除竞争和选择过程外，最能渗透到企业创新的内部因素。对于在大多数产业来说，技术创新集中于少数企业，导致了技术创新主体间的差异。这种跨界创新的异质性决定了不同企业都具有独特的能力（如吸收能力、技术能力等），进而决定了不同的企业在从事同样的工作时会采取不同的行为模式。从长期来看，这种异质性会随着企业的不断创新而得到固化，成为影响企业创新的范式的一个重要因素。此外，这种异质性又与产业进入的行为密切相关。前人的研究表明，产业中新进入企业的类型与其创新模式和技术进步速率之间存在着密切的关系。然而，目前尚无基于企业层面的直接时序数据来验证创新与企业成长间存在的线性关系。以世界范围内的生物制药产业为例，该产业的发展动力主要来自对少数关键性创新的引入或模仿，在该产业中，核心创新者的成长速率并不比其他企业更快。

其次，大学、风险资本、非企业组织和制度等因素对产业技术进步的影响，也受到了广泛的关注。有别于熊彼特将企业家视为创新的主体，目前已有大量实证研究表明，技术创新是由多个部门（包括企业）共同参与才最终完成的。马莱尔巴（Malerba）和布鲁索尼（Brusoni）提出，不同于同一时期的其他行业，技术创新所涵盖的部门也存在差异。在高科技行业，如生物科技、电子信息等，大学在技术进步的产生和传播中起着重要的作用。这是因为大学所开发出的新知识能够成为创新的主要输入，同时，大学还为企业研发实验室提供人力资源。有时，大学自己会申请科技专利，并成立新的公司，直接参与产业发展。在制药行业和半导体行业，创业资金对于创新的作用和支持是众所周知的。格鲁伯（Grueber）和韦伯旺（Weber Wang）认为，对于电信业来说，国家层面、产业层面的体制对于产业创新与技术传播的影响同样不可忽略。另外，已有研究认为，标准和规则是促进持续创新、保障新技术在市场中获得关键销量的制度基础，对创新的作用同样不可忽视。

（三）创新与产业动态发展的模型刻画

熊彼特认为，技术创新可以促进产业的发展，但是，他并没有对技术创新的作用机理进行阐述。20世纪80年代以来，国内外学者相继建立了一系列的理论模型，对这种作用机制进行了系统的研究。在这些理论中，最具影响力的就是机器学习和马尔科夫最优均衡模型。

认为理想行为人（包括在位者与新进者）间的技术学习和竞争过程可消除企业异质性，是一系列试图解释企业规模不对称、以生存年限为条件的成长率差异等经验规律的模型之间的共同特征。该方面的开拓性研究工作是约万诺维奇（Jovanovic）率先开展的。他认为，行为人间的学习是一个消极的过程，而新进入的企业对其自身潜在利润并不了解。在这种情况下，突破性创新可以极大地增加企业进入新产业的可能性，而重大技术的不连续性则会对产业动态造成重要影响，从而使失败的创新主体退出，而具有大规模技术优势的企业得以存活。艾克里森（Erikson）和佩克斯（Pakes）在此基础上，提出了一种新的积极学习假设模型。在以下三个假设的基础上，他们构建了一个企业进入与成长的随机模型：第一，假设企业通过投资来对经济环境进行探索，技术机会对所有企业都是同等开放的，它是企业投资的随机产出，并且对企业投资的成功和失败起着决定性的作用，企业状态的变化受到投资产出、其他企业的努力以及市场条件变化的综合影响。第二，假设企业已充分了解了过去与当期投资的状态、决定状态演化的规律等信息。第三，假设企业采取的是马尔科夫策略。通过这些假设，艾克里森和佩克斯提出的模型证明了存在一个动态寡头模型的马尔科夫最优均衡。

此后，利用拥有离散空间状态特征的动态随机博弈模型与马尔科夫最优均衡概念，来研究由异质性企业构成的产业波动成为刻画创新与产业动态研究的标准模型。这个模型的最大好处在于涵盖了企业初始状态面临的需求差异、成本因素差异与投资差异。该模型还将产业组织理论与计量经济分析紧密结合在一起，允许通过反事实计量方法考察改变初始行为与状态假设之后的变动与影响。一般此类模型考虑的是寡占型产业，产业内只有在位者与潜在进入者两类企业，他们之间开展竞争，时间是离散的而范围是无限的。每一时期在位企业都要决定是否留在这个产业内和投资多少，而潜在进入者要决定是否进入这个产业和为此须投资多少。市场是由在生产能力、成本结构与产品质量方面都存在异质性的企业组成，它们通过投资来改变状态。通过马尔科夫最优化模型来刻画产业动态，可以检验创新与产业动态在多方面的特殊关系，主要包括干中学、研发竞赛、研发合作与引入创新型技术。

首先，将干中学纳入马尔科夫最优均衡模型考察企业间的竞争关系。在这个模型中，干中学被认为是一种提供知识储备的方法，干中学的出现对企业的产出有帮助，但是随着时间的推移，经验的作用会越来越明显。更有进取性的企业行为是在将"组织遗忘"引入分析中时产生的。在模型中，当干中学和组织遗忘同时出现，学习的流入和流出相等时，就会出现均衡状态，这时，企业的信念和企业选择降低价格或不降低价格都有固定的形式。

其次，将研发竞争置于马尔科夫最优均衡模型框架下进行再分析，特别地分析不同专利制度下研发竞争和最优专利竞争策略。这类模型的研究出发点是非连续时间下的动态多阶段创新博弈。

希特曼（Hittman）和马科维奇（Makovec）将研发视为一个多阶段的过程，而企业的能力在此阶段表现出更为显著的异质性。通过构建一个两类公司不对称能力多步研发竞赛模型，他们考察了不同类型的专利体制与授权安排对创新速度、企业价值和消费者剩余的影响。贾德（Judd）等在一个多阶段创新模型中考察了最优专利竞赛的设计。他们提出设计者的目标有两个：社会剩余与消费者剩余，并考察了技术、设计者的偏好与企业异质性对最优专利竞赛规则的影响。

再次，在马尔科夫最优均衡模型下，考虑了企业的合作研发行为。本书将美国半导体产业作为研究对象，建立一个考虑合作研发的动态模型，该模型中的企业为了提升技术水平而共同投入了大量的资金，从而实现了对研发成果的共享，但又在此基础上分别开发出新产品。这一结论显示，合作研发所需要的成本费用要低于独立研发，并且企业的净收益及顾客者剩余也都要高一些。

　　最后，把颠覆性的技术创新引入马尔科夫最优均衡模型中。斯基瓦尔迪（Schivardi）和施耐德（Schneider）提出了一种新的适应性学习模型，用来研究一种从来没有被验证过的新技术是怎样获得成功（进入产品流程中），从而改变市场结构的。与现有的专利竞争理论不同，该模型将研究新技术的发展趋势，并将其应用到一个新技术潜在性未知的竞争环境中。研究表明，基于市场份额下降的风险考虑，现有企业的市场占有率越高，新技术的采纳率就越高，在新技术表现低于预期的情况下，常常会引起市场结构的变化。

四、战略性新兴产业发展中三大部门的作用机制

　　战略性新兴产业的发展是一项社会系统工程，它的发展需要政府的政策支持、已有的传统产业的发展基础和金融体系的融资支持，这三个方面都是战略性新兴产业发展动力体系的形成基础。根据新熊彼特理论，战略新兴产业发展的中观轨道的形成和持续，同样需要产业部门、公共部门和金融市场三个层面的共同演化，从而构成一个完整的发展动力系统。在这一动力体系的作用下，战略性新兴产业在中观轨道上完成了从萌芽期到发展期，甚至是成熟阶段的发展，而产业部门、金融市场和公共部门三大部门在战略性新兴产业发展中起到的作用各不相同，演化轨迹也不相同，但三者相互作用、交叉影响，将会对战略性新兴产业的创新进程和产业发展绩效起到重要作用。

（一）战略性新兴产业发展中的公共部门作用机制

　　根据新熊彼特理论，创新是公共部门存在的必要性因素，这是新兴产业发展的一个主要特点，其发展前景是不确定的，并且这种不确定性具有可持续性。为

了保持新兴产业稳定发展所需要的资金，政府要有效地运用现有的公共资源，一方面，可以通过直接动用政府支出来保障其在基础创新上的投入，增加对社会资本的吸引力；另一方面，社会个体在新兴产业的不确定性发展中，通过签订社会合同，推动社会个体形成新的交易规则，从而保证合法收入的安全，保持微观个体的创新行为。同时，公共部门也可以利用强大的社会动员能力，对社会经济起到积极的引导作用。

然而，由于缺乏对新兴产业的认知，以及信息收集及时性的影响，政府在制定相关政策时，往往忽视了产业发展的长远利益，从而导致政府制定的政策与新兴产业的现实脱节。所以，战略性新兴产业作为一个复杂系统的公共部门，面临着一个非线性的系统演进过程。因此，必须明确政府和市场之间的界限，密切关注产业发展的趋势，并且要针对战略新兴产业在各个发展阶段的不同需求，调整政策的方向和作用方式，以保证其顺利发展。

1.公共部门在战略性新兴产业发展萌芽期的作用机制

在产业发展的早期阶段，应该积极地发挥政府整合资源的功能，利用鼓励性政策和政府的直接投资来促进战略性新兴产业的发展，特别是要加大对战略性新兴产业发展所需要的基础建设的投入，为战略性新兴产业的发展创造一个良好的宏观政策环境。尤其是，以税收优惠、补贴等形式，将社会资本引入战略性新兴产业领域。社会关注与资金投入是战略性新兴产业启动创新的基础条件。

政府借由发布产业和发展规划，显示其政策方向，并借此向全社会提出发展新兴产业的倡议。特别是在我们国家的政策环境下，政府对资源配置的影响很大，因此，政府的产业发展策略，将会引起民间的注意和资金的涌入，这对发展战略性新兴产业来说是非常重要的。

2.公共部门在战略性新兴产业发展成长期的作用机制

在产业发展步入成长期后，政府要逐渐退出主导地位，重点发挥在各部门之间的协调作用，确保战略性新兴产业的发展不会因部门之间协调不当而出现反复和倒退的情况。

从技术层面来看，我国战略新兴产业已进入技术演进加速期。更新技术层出不穷，市场在接受了新兴产业产品和服务之后，围绕产品衍生出新的个性化需求，技术创新需求也不断涌现。这就要求国家不断推进共性技术、产学研合作平台等方面的建设，并引导更多企业加入新兴产业。

尤其是要吸引民间资本来发展科技成果转化中介组织，构建出一系列强有力的配套产业。同时，还要将民间资本灵活、适应性强的特点充分发挥出来，让产业链得到全方位的拓展，让产业纵深得到加强，让产业创新生态得到优化，进而带动其他相关产业的发展。

3. 公共部门在战略性新兴产业发展成熟期的作用机制

在产业发展步入成熟阶段之后，其发展方向应交由市场机制控制，而政府应努力维持好产业发展的秩序和市场竞争的环境，构建一种稳定、有效的政企关系。特别是在产业发展的前期阶段，应逐渐取消政府对产业的补助，使产业充分发挥自我造血能力。到了这个时候，整个产业已经形成了一个完整的产学研体系，并形成了一个科技成果转化的组织体系。在这种情况下，政府应该扮演"守夜人"的角色，减少对经济的干涉，让市场的涨落，完全取决于市场。

（二）战略性新兴产业发展中的产业部门作用机制

在新熊彼特理论中，产业部门指的是新兴产业发展的经济物质方面，它是一个中观的产业层面，是一个被微观经济个体所推动，并且受到了宏观环境的巨大影响。随着新兴产业的发展，传统产业的被替代是必然的，经济在这一过程中发生了显著的结构质变，其竞争的内涵已经超出了古典经济学所描述的价格竞争模型，创新竞争的主导作用越来越明显。知识的生成与扩散是创新竞争的核心，其复杂程度决定了全行业发展的非线性演进路径，也为行业角色定位带来了极大的不确定性。所以，对于新兴产业来说，产业部门要为其提供适合战略性新兴产业发展的技术基础、人才基础和产业基础，这些都包括了产业发展所需要的物质基础，从而促进新兴产业的快速发展。

1. 产业部门在战略性新兴产业萌芽期的作用机制

在产业发展的最初阶段，产业部门要以现有的产业发展基础（包括技术基础、人才基础和物质基础）为支点，在政府的指导和金融部门的支持下，激发微观个体的创新潜能，逐步形成与战略性新兴产业发展需求相适应的创新活动。比如，在技术上，企业将会积极地借鉴国外有关产业的发展成果，利用国内技术购买、国外技术引进、消化和吸收等方式，来获得从事新兴产业生产的基本条件。而在人才方面，与传统产业相关联的生产和技术人才，已经将他们的注意力转移到了新兴产业上，开始对新兴产业相关业务进行研究与探索，同时，他们的人才配置也开始偏向于新兴产业，这为新兴产业发展奠定了的人才基础。从物质基础上看，传统产业中的固定资产、设备等正逐步转移到新兴产业中，为战略性新兴产业的发展奠定了物质基础。

2. 产业部门在战略性新兴产业成长期的作用机制

在产业发展成长期，产业部门将会对新兴产业和传统产业的比重进行调整，用新兴产业慢慢地取代传统产业，对产业结构进行优化，让新兴产业在国民经济中逐渐发挥战略主导作用。在技术上，新兴行业已经逐渐形成了一个具有一定普遍性的技术开发平台，这个平台可以很好地反映新一代产业技术的发展趋势，比如信息化、清洁化和智能化。一大批拥有相同技术基础的产业将共享该平台的研究成果，促进产业朝着与市场需求相匹配的方向发展。从市场的角度来看，传统产业的产品正在逐步被新兴产业的产品所取代，生产方式和消费模式正在发生着深刻的变化，并与新兴产业的发展形成了良好的互动，此时，对产业部门的创新要求将会更高，需要创新来适应不断变化的产业市场需求。在产业资本方面，产业部门也将加速对新兴产业的资本投入，无论是新增投资、在建投资还是扩建投资，都明显偏向于新兴产业，新兴产业在国民经济中的比重快速提升。

3. 产业部门在战略性新兴产业成熟期的作用机制

在产业发展的成熟期，产业部门将对已成熟的战略性新兴产业的研发模式、盈利模式和营销模式进行探索，科技、金融和企业家三者之间进行了有机的融合，创新活动变成了产业发展的一个有机的部分，从而使战略性新兴产业的发展步入了一个平稳的阶段。在技术层面上，新兴产业的技术模式逐渐成熟，从立项启动、投研、研究完成再到成果转化，都有清晰的流程。新兴产业所依赖的核心生产要素利用形式稳定下来，产业发展所需要的科技人才培养模式也日渐成熟。在商业模式上，这个时候，从研发到生产到销售的完整产业链已经成型，产业链的宽度和长度都在慢慢延伸。产业部门的职能是维护整个产业链，使之在稳定发展的过程中逐渐完善。

（三）战略性新兴产业发展中的金融市场作用机制

新熊彼特理论强调现实的产业部门和金融部门的相互联系，认为央行有责任保持货币部门和实际部门的共生，通过对流动性的调控来保持现实领域的创新活力。一方面，可以预防由于金融支持滞后而导致的创新动力不足，以及新兴产业的逐渐萎缩；另一方面，也可以预防在技术突破初期，对资金的过度吸引引发的投资泡沫现象，从而导致潜在的、全面的行业危机，并最终会导致行业的崩溃。

1. 金融市场在战略性新兴产业发展萌芽期的作用机制

由于新兴产业是在传统产业的基础上发展起来的，所以，与传统产业相比，其融资上也有很多不足之处。在战略性新兴产业中，既存在着资金供给不足的可能性，又存在着投资过度所带来的泡沫风险。因为我国金融市场的发展还不够完善，所以仍然普遍存在着金融抑制现象。以银行信贷为中心的融资机制，让国有企业拥有信贷资源的垄断优势，同时也将民营企业排除在外，这就导致民营企业的融资瓶颈，影响了民营企业对研发的投入。由此，以民营企业为主的战略性新兴产业的发展，很有可能会因为融资困难，导致创新能力的缺乏，使其长期在低端技术水平上徘徊，进而影响了整个战略性新兴产业的发展，甚至导致其发展停滞不前。但是，因为地方政府受到了政策的鼓励，它们会竞相扶持战略性新兴产业。从全局的角度来看，各地方政府可能会倾向于投资回报更快的产业，只注重短期规模的扩张，而忽略了对长期产业竞争力的培养。因此，当地企业也会在政府政策的引诱下，加大对资金的投入，但忽略项目本身的投资价值，从而导致这些产业发展过热，甚至产生泡沫现象，最后对整个产业的发展利益造成损害。而且，在各个行业中，资金分配的不均衡也有可能造成战略性新兴产业的发展缓慢和泡沫，投资不足和投资过热并存，这将对我国的资本收益率造成影响。

所以，在战略性新兴产业发展的初期，金融市场应该将重点放在风险投资的启动投入上，帮助企业开拓市场，克服产业发展初期市场需求较小、企业实力薄弱的缺点。

2.金融市场在战略性新兴产业发展成长期的作用机制

在战略性新兴产业进入成长期之后，要逐步发挥金融市场竞争机制的优势，不断进行金融创新，为企业的成熟运作提供资金，并以更低的成本，实现资本在战略性新兴产业内的流动与配置，加快产业结构的升级。

新兴产业的发展，无论是市场的开拓，还是技术的研发，都需要在极短的时间内，在高度不确定的情况下，投入大量的资金，这与传统产业依靠股市、债券等传统金融市场的融资来发展是不一样的。所以，在成长期内，应该主要依靠产业的高成长高回报，来形成对新一轮资金的吸引，用天使投资和风险投资来覆盖市场的不确定性，通过探索不同的投资方式，辅助不同的产品生产，来保证一定的收益率。

此时，在市场需求的驱动下，多层次资本市场逐步形成，尤其是服务中小企业的融资方式，迅速丰富起来，并提出了进一步放松金融监管的要求，以满足不同行业规模、技术特征和市场特征的需求。产业和金融市场之间存在着高度的依赖关系，而金融市场则通过创新、扩张和融合等方式，促进了新兴产业的迅速发展。

3.金融市场在战略性新兴产业成熟期的作用机制

在新兴产业的成熟期，金融市场和产业之间的互动关系逐渐趋于成熟和稳定，产业的发展也逐渐走向成熟，而金融市场本身也会伴随着产业的成熟而逐渐完善。特别是，由政府引导基金、风险投资、科技银行等组成的与新兴产业发展需求相适应的金融支持体系，所面临的高收益高风险项目逐渐减少，资金配置和业务结构也趋于均衡，其自身也将逐步转型为稳定的金融机构，金融市场也将迎来稳定的发展。

五、战略性新兴产业发展的"新熊彼特通道"

新熊彼特理论认为，战略新兴产业的持续演化有赖于持续的创新，这是战略新兴产业持续发展的基础。而要想让产业创新具有可行性、有效性和可持续性，就需要公共部门、产业部门和金融市场在有效的作用机制下，为创新提供足够的支持。这三者的共同作用，将构成一条所谓"新熊彼特通道"，从而构成了战略性新兴产业发展的有效作用区域。

根据新熊彼特理论，产业发展需要三个支柱，即工业、金融和公共部门，它们都表现出了创新的特征，而且三者之间存在着密切的联系。然而，由复杂系统驱动的产业创新演化路径被放在一个"通道"中，通道的上下边界分别是失去控制的爆炸性增长"泡沫"和停止增长下的产业萎缩，这一通道被称为"新熊彼特通道"（New Shumpeter Theory Channel），具体如图5-4所示。为此，有关新兴工业发展的政策需要"底层保护"与"过热保护"，既要防范由于盲目涌入而引起的爆发式增长，又要防范由于微观层面的破产而引起的宏观经济停滞不前，从而维持经济体系的"向上潜力"。

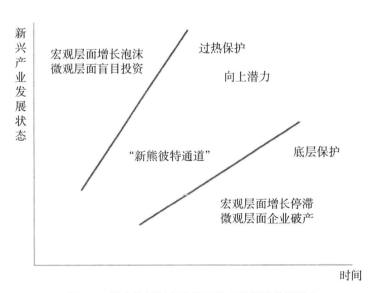

图 5-4 战略性新兴产业发展的"新熊彼特通道"

"新熊彼特通道"理论对新兴产业发展可能出现的良性发展、过热发展和萧条衰退三种情况进行了定性的解释，简洁、直观地给出了新兴产业健康发展的参数区间，全面、客观地对产业发展动力综合作用的科学范畴进行了阐述。同时，本书还提出，在探讨战略新兴产业绩效影响因素的作用机理时，应重点考察关键效应指标的取值区间，以及效应过大或过小对战略新兴产业发展所带来的冲击。

第六章

我国金融支持战略性新兴产业发展

第一节　战略性新兴产业创新金融支持演化博弈分析——以两阶段演化博弈模型为例

分析多主体交互、多要素协同、多阶段递进的新兴产业发展，两阶段博弈模型是一项极为有效的方法。可以通过构建战略性新兴产业创新金融支持的两阶段博弈整合模型，来对博弈双方的策略选择过程进行揭示和分析。从当前对两阶段博弈的研究方向来看，主要是通过使用逆序求解方法来对金融支持新兴产业的最优策略进行推算，这其中会存在一个较大的问题，即博弈方群体动态所具有的变化特性会被忽略。演化博弈模型能够利用复制动态方程刻画两个博弈方群体支付策略占比的非线性变化过程，据此揭示群体性进化的复杂规律。但传统演化博弈的复制动态方程只能对第一阶段 ESS（Evolutionary Stable Strategy，进化稳定策略）求解，难以表述"两阶段"过程。因此，本项目构建两阶段演化博弈模型，借助微分方程组概念确定两阶段演化博弈的"复制动态方程组"，求解产业创新主体和金融支持主体博弈双方的"支持决策—支持力度"两阶段博弈最优策略（占比），揭示不同阶段采用不同支付策略的群体性（模仿、复制等）选择行为。

一、第一阶段博弈的基本假设

局中人：假设存在（政府通用性或金融机构专用性）金融支持主体和战略性

新兴产业创新主体（企业、学研机构）两类局中人；博弈策略：金融主体选择支持和不支持两种策略，创新主体具有接受和不接受支持两种策略，形成了{（支持，接受）、（支持，不接受）、（不支持，接受）、（不支持，不接受）}博弈策略空间；支付矩阵：第一阶段的博弈支付矩阵如图 6-1（a）所示。在（支持，接受）策略组合下，创新主体采用接受策略，其收益为 V_{11}，而金融主体产生收益 U_{11}；在（支持，不接受）策略组合下，金融主体产生 $-C_i$（$i=5$ 或 6）交易成本，创新主体则维持自有资金 R 的生产收益 T_1R（T_1 为资金用于生产的利润率）；而金融主体采用不支持策略，无论创新主体采用接受或不接受策略，金融主体机会收益都为 $pk+\varphi$［p 为补贴金额 k 的机会收益率，φ 为机会（社会）］效应且考虑战略性新兴产业重要性，假设 φ 小于金融主体通过补贴战略性新兴产业获取的社会［（声誉）效用 u）］，创新主体仍维持自有资金 R 的生产收益 T_1R。

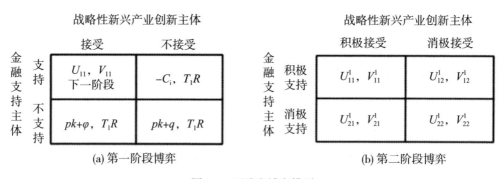

图 6-1　两阶段博弈模型

二、第二阶段博弈的基本假设

在第一阶段（支持，接受）策略组合（角点均衡）决策作用下，金融主体和创新主体将进入第二阶段（一般均衡）合作态度的博弈分析。局中人：采用第一阶段支持和接受策略的两类参与人；博弈策略：金融主体采用积极和消极支持两种策略，创新主体采用积极和消极接受两种策略。其中，积极接受策略是指创新主体以实现高资金利用率为目标而充分利用获得的金融支持资金开展创新活动的行为策略；消极接受策略则是指创新主体因存在（资金不充分利用、创新成果不合理溢出等）机会行为偏好，而不合理使用（未按计划执行、挪用、低效率运营等）获得的金融支持资金开展（计划内、核心环节的）必要创新活动的行为策略。据此，形成 {（积极支持，积极接受）、（积极支持，消极接受）、（消极支持，积极接受）、（消极支持，消极接受）} 博弈策略空间；支付矩阵：第二阶段博弈支付矩阵如图 6-1（b）所示。其中，U_{11}^1、U_{12}^1、U_{21}^1、U_{22}^1 分别表示金融主体在对方采用（积极或消极接受）不同策略下自身采取（积极或消极支持）不同策略的收益；V_{11}^1、V_{12}^1、V_{21}^1、V_{22}^1 则分别表示创新主体在对方采用（积极或消极支持）不同策略下自身采取（积极或消极接受）不同策略收益。

同时，为构建上述（收益）支付函数，设定如下变量：T_2 表示补贴资金用于生产（创新）外活动利润率；a 表示补贴金额利率；C_j 表示金融主体在第 j 种策略组合中交易成本 j=1，2，3，4；b_j 表示创新主体在第 j 种策略组合中交易成本 j=1，2，3，4。于是，支付函数如下：

$$\left.\begin{array}{ll}
U_{11}^1 = ak + u - C_1; & V_{11}^1 = (k+R)T_1 - ak - b_1 \\
U_{12}^1 = ak - C_2; & V_{12}^1 = RT_1 + kT_2 - ak - b_2 \\
U_{21}^1 = ak - C_3; & V_{21}^1 = (k+R)T_1 - ak - b_3 \\
U_{22}^1 = ak - C_4; & V_{22}^1 = RT_1 + kT_2 - ak - b_4
\end{array}\right\} \quad (6\text{-}1)$$

三、模型均衡解分析

本书以反映金融主体和创新主体协同的（积极支持，积极接受）组合策略为目标 ESS 演化稳定策略。令 x 和 $1-x$ 分别表示金融群体中采用支持和不支持策略局中人比例，x_1 和 x_2 分别表示采用支持

策略群体中，采用积极和消极支持策略局中人比例，且 $x = x_1 + x_2$，则采用不支持策略局中人比例为 $x_3 = 1 - x_1 - x_2$。同理，战略性新兴产业群体中采用积极接受、消极接受和不接受策略局中人比例为 y_1、y_2 和 $y_3 = 1 - y_1 - y_2$。于是，金融主体采用"积极支持""消极支持""不支持"策略的期望得益 Π_{JZ}、Π_{XZ}、Π_{NZ} 和金融群体平均得益 Π_Z 分别为：

$$
\begin{aligned}
\Pi_{JZ} &= y_1 U_{11}^1 + y_2 U_{12}^1 + (1 - y_1 - y_2)(-C_5) \\
&= (\alpha k + u + C_5 - C_1)y_1 + (\alpha k + C_5 - C_2)y_2 - C_5 \\
\Pi_{XZ} &= y_1 U_{21}^1 + y_2 U_{22}^1 + (1 - y_1 - y_2)(-C_6) \\
&= (\alpha k + C_6 - C_3)y_1 + (\alpha k + C_6 - C_4)y_2 - C_6 \\
\Pi_{NZ} &= y_1(pk + \varphi) + y_2(pk + \varphi) + (1 - y_1 - y_2)(pk + \varphi) \\
&= (pk + \varphi) \\
\Pi_Z &= x_1 \Pi_{JZ} + x_2 \Pi_{XZ} + (1 - x_1 - x_2)\Pi_{NZ}
\end{aligned}
\quad\quad (6\text{-}2)
$$

战略性新兴产业创新主体"积极接受""消极接受""不接受"策略的期望

得益 Π_{JJ}、Π_{XJ}、Π_{NJ} 和战略性新兴产业群体平均得益 Π_J 分别为：

$$
\begin{aligned}
\Pi_{JJ} &= x_1 V_{11}^1 + x_2 V_{21}^1 + (1 - x_1 - x_2)T_1 R \\
&= \left[(T_1 - a)k - b_1\right]x_1 + \left[(T_1 - a)k - b_3\right]x_2 + T_1 R \\
\Pi_{XJ} &= v_1 V_{12}^1 + v_2 V_{22}^1 + (1 - x_1 - x_2)T_1 R \\
&= \left[(T_2 - a)k - b_2\right]x_1 + \left[(T_2 - a)k - b_4\right]x_4 + T_1 R \\
\Pi_{NJ} &= x_1 T_1 R + x_2 T_1 R + (1 - x_1 - x_2)T_1 R = T_1 R \\
\Pi_J &= y_1 \Pi_{JJ} + y_2 \Pi_{XJ} + (1 - y_1 - y_2)\Pi_{NJ}
\end{aligned}
\quad\quad (6\text{-}3)
$$

则金融支持主体的复制动态方程组（6-4）为：

$$
\begin{aligned}
\frac{dx_1}{dt} &= x_1(\Pi_{JZ} - \Pi_Z) = x_1\left[(1 - x_1)\Pi_{JZ} - x_2\Pi_{XZ} - (1 - x_1 - x_2)\Pi_{NZ}\right] \\
&= x_1\left[(1 - x_1)(ak + u + C_5 - C_1)y_1 + (ak + C_5 - C_2)y_2 - C_5 - pk - \varphi\right] - \\
&\quad x_2\left[(ak + C_6 - C_3)y_1 + (ak + C_6 - C_4)y_2 - C_6 - pk - \varphi\right] \\
\frac{dx_2}{dt} &= x_2(\Pi_{XZ} - \Pi_Z) = x_2\left[(1 - x_2)\Pi_{XZ} - x_1\Pi_{JZ} - (1 - x_1 - x_2)\Pi_{NZ}\right] \\
&= x_2\left[(1 - x_2)(ak + C_6 - C_3)y_1 + (ak + C_6 - C_4)y_2 - C_6 - pk - \varphi\right] - \\
&\quad x_1\left[(ak + u + C_5 - C_1)y_1 + (ak + C_5 - C_2)y_2 - C_5 - pk - \varphi\right] \\
\frac{dx_3}{dt} &= 1 - \frac{dx_1}{dt} - \frac{dx_2}{dt}
\end{aligned}
$$

$$\quad\quad (6\text{-}4)$$

战略性新兴产业创新主体的复制动态方程组（6-5）为：

$$\begin{aligned}
\frac{dy_1}{dt} &= y_1(\Pi_{JJ} - \Pi_J) \\
&= y_1\left[(1-y_1)\Pi_{JJ} - y_2\Pi_{XJ} - (1-y_1-y_2)\Pi_{NJ}\right] \\
&= y_1\left\{(1-y_1)\left[(T_1-a)k-b_1\right]x_1 + \left[(T_1-a)k-b_3\right]x_2\right\} - \\
&\quad y_2\left\{\left[(T_2-a)k-b_2\right]x_1 + \left[(T_2-a)k-b_4\right]x_2\right\} \\
\frac{dy_2}{dt} &= y_2(\Pi_{XJ} - \Pi_J) \\
&= y_2\left[(1-y_2)\Pi_{XJ} - y_1\Pi_{JJ} - (1-y_1-y_2)\Pi_{NJ}\right] \\
&= y_2\left\{(1-y_2)\left[(T_2-a)k-b_2\right]x_1 + \left[(T_2-a)k-b_4\right]x_2\right\} - \\
&\quad y_1\left\{\left[(T_1-a)k-b_1\right]x_1 + \left[(T_1-a)k-b_3\right]x_2\right\} \\
\frac{dy_3}{dt} &= 1 - \frac{dy_1}{dt} - \frac{dy_2}{dt}
\end{aligned} \right\} \quad (6\text{-}5)$$

假设方程组（6-4）中 $\dfrac{dx_1}{dt}=0$、$\dfrac{dx_2}{dt}=0$，并将对应的支付函数代入方程组（6-4）得到金融主体进化稳定策略解：$x_1^* = 0$ 或 $x_1^* = 1 - x_2(\dfrac{\Pi_{XZ}-\Pi_{NZ}}{\Pi_{JZ}-\Pi_{NZ}})$；

$x_2^* = 0$ 或 $x_2^* = 1 - x_1(\dfrac{\Pi_{JZ}-\Pi_{NZ}}{\Pi_{XZ}-\Pi_{NZ}})$；$x_3^* = 1 - x_1^* - x_2^*$。

　　于是，金融主体可能存在的 ESS 点（x_1^*，x_2^*，x_3^*）为:（0,0,1）、0,

$\left(1 - x_1(\dfrac{\Pi_{JZ}-\Pi_{NZ}}{\Pi_{XZ}-\Pi_{NZ}})\right)$，$x_1(\dfrac{\Pi_{JZ}-\Pi_{NZ}}{\Pi_{XZ}-\Pi_{NZ}})$、$\left(1 - x_2(\dfrac{\Pi_{XZ}-\Pi_{NZ}}{\Pi_{JZ}-\Pi_{NZ}})\right)$，0,

$x_2(\dfrac{\Pi_{XZ}-\Pi_{NZ}}{\Pi_{JZ}-\Pi_{NZ}})$、$\left(1 - x_2(\dfrac{\Pi_{XZ}-\Pi_{NZ}}{\Pi_{JZ}-\Pi_{NZ}})\right)$，$\left(1 - x_1(\dfrac{\Pi_{JZ}-\Pi_{NZ}}{\Pi_{XZ}-\Pi_{NZ}})\right)$，

$x_1(\dfrac{\Pi_{JZ}-\Pi_{NZ}}{\Pi_{XZ}-\Pi_{NZ}}) + x_2(\dfrac{\Pi_{XZ}-\Pi_{NZ}}{\Pi_{JZ}-\Pi_{NZ}} - 1)$。

　　同理，假设方程组（6-5）中 $\dfrac{dy_1}{dt}=0$、$\dfrac{dy_2}{dt}=0$，并将对应的支付函数代入方程组（6-5）得到创新主体的进化稳定策略解为：$y_1^* = 0$ 或

$$y_1^* = 1 - y_2\left(\frac{\Pi_{XJ} - \Pi_{NJ}}{\Pi_{JJ} - \Pi_{NJ}}\right); \quad y_2^* = 0 \text{ 或 } y_2^* = 1 - y_1\left(\frac{\Pi_{JJ} - \Pi_{NJ}}{\Pi_{XJ} - \Pi_{NJ}}\right); \quad y_3^* = 1 - y_1^* - y_2^*。$$

于是，创新主体可能存在的 ESS 点（y_1^*，y_2^*，y_3^*）为：$(0, 0, 1)$、0，

$$\left(1 - y_1\left(\frac{\Pi_{JJ} - \Pi_{NJ}}{\Pi_{XJ} - \Pi_{NJ}}\right)\right), \qquad y_1\left(\frac{\Pi_{JJ} - \Pi_{NJ}}{\Pi_{XJ} - \Pi_{NJ}}\right) 、 \qquad \left(1 - y_2\left(\frac{\Pi_{XJ} - \Pi_{NJ}}{\Pi_{JJ} - \Pi_{NJ}}\right)\right),$$

$$0, \qquad y_2\left(\frac{\Pi_{XJ} - \Pi_{NJ}}{\Pi_{JJ} - \Pi_{NJ}}\right) 、 \qquad \left(1 - y_2\left(\frac{\Pi_{XJ} - \Pi_{NJ}}{\Pi_{JJ} - \Pi_{NJ}}\right)\right), \qquad \left(1 - y_1\left(\frac{\Pi_{JJ} - \Pi_{NJ}}{\Pi_{XJ} - \Pi_{NJ}}\right)\right),$$

$$y_1\left(\frac{\Pi_{JJ} - \Pi_{NJ}}{\Pi_{XJ} - \Pi_{NJ}}\right) + y_2\left(\frac{\Pi_{XJ} - \Pi_{NJ}}{\Pi_{JJ} - \Pi_{NJ}} - 1\right)。$$

基于上述分析，发现两阶段演化博弈复制动态方程解析解求取困难，可以通过引入动态系统相平面和相轨道方法，探讨采纳策略主体数量在相平面上解的性质。在考虑传统演化博弈剖析策略组合演化规律基础上，构建如下微分方程（6-6）：

$$\frac{dx_1}{dy_1} = \frac{dx_1/dt}{dy_1/dt} = \frac{x_1\left[(1-x_1)(Ay_1+B) - Cy_1 - D\right]}{y_1\left[(1-y_1)(Ex_1+F) - Gx_1 - H\right]}$$

其中，$A = ak + u + C_5 - C_1$；

$B = (ak + C_5 - C_2)y_2 - C_5 - pk - \varphi$；

$C = x_2(ak + C_6 - C_3)$；

$D = x_2\left[(ak + C_6 - C_4)y_2 - C_6 - pk - \varphi\right]$；

$E = (T_1 - a)k - b_1$；

$F = x_2\left[(T_1 - a)k - b_3\right]$；

$G = y_2\left[(T_2 - a)k - b_2\right]$；

$H = y_2\left[(T_2 - a)k - b_4\right]x_2$。

（6-6）

为了求解（6-6），假设金融主体和创新主体都具有（决策）风险中性、支付理性的典型特征，于是令 $T_1 = T_2$、$C_5 = C_6$、$C_2 = C_4$、$b_3 = b_4$。同时，令

$$y_2 = \frac{C_5 + pk + \varphi}{ak + C_5 - C_2}、\quad k = \frac{b_3}{T_1 - a}，$$ 则 $B = D = F = H = 0$。微分方程（6-6）退化为微分方程（6-7）：

$$\frac{dx_1}{dy_1} = \frac{x_1\left[(1-x_1)Ay_1 - Cy_1\right]}{y_1\left[(1-y_1)Ex_1 - Gx_1\right]} \qquad (6\text{-}7)$$

虽然方程（6-7）是简化后的微分方程，但相比传统演化博弈微分方程 $\left[\dfrac{x_1 \cdot (1-x_1) \cdot f(y_1)}{y_1 \cdot (1-y_1) \cdot g(x_1)}\right.$ ，其中 f、g 是关于 y_1、x_1 的函数 $\left.\right]$ 更为复杂，其仍保留了两阶段演化博弈的变量系数特征。求解式（6-7），得到 $x_1(y_1)$ 的解析表达式（6-8）：

$$x_1(y_1) = -\frac{-A+C}{A} + \left[G + e(-1+y_1)\right]^{A/e} C \qquad (6\text{-}8)$$

令初始解 $x_1(0) = 0$，则式（6-8）变为表达式（6-9）：

$$x_1(y_1) = -\frac{-A+C}{A} + \left[G + e(-1+y_1)\right]^{A/e} \frac{(-A+C)/A}{(G-e)^{A/e}} \qquad (6\text{-}9)$$

考虑表达式（6-9）结构复杂且参数较多，可以运用 Mathematica 绘制不同参数赋值下相平面，统计得到图 6-2 所示 ESS 组合策略动态相位图。

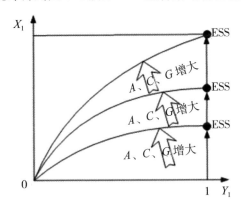

图 6-2　ESS 组合策略动态相位图

从图 6-2 可知，随着参数 $A = ak + u + C_5 - C_1$、C 中 $ak + C_6 - C_3$、G 中 $(T_2 - a)k - b_2$ 增大，即 A、C、G 逐渐增大，x_1 和 y_1 组合策略解 ESS 逐渐增大且趋近（1，1）点，表明：①降低金融主体与创新主体交易成本（C_1、C_3、b_2）、提升补贴金额 k，有利于推动系统向"积极支持—积极接受"有序状态演化；②利率 a 在 A、C 中越大越有利于 ESS 逐渐趋近（1，1）点，但 G 中反之，说明博弈双方对利率产生反向期望，故尽量保持利率稳定将有利于系统演化；③其他"不接受"策略下金融主体交易成本（C_5、C_6）和补贴资金机会利润率T_2，理论上越大越有利于系统演化，但实践中博弈主体会通过"理性"放弃、监督惩罚等机制约束C_5、C_6和T_2增大，可以看出这些参数对 ESS 逐渐趋近（1，1）点作用不大。

综上所述，降低金融支持主体与战略性新兴产业创新主体的交易成本（C_1、C_3、b_2）、提升补贴金额k、保持补贴资金利率a稳定，将有利于增强主体支持和接受的积极性。

第二节　战略性新兴产业发展的金融支持现状

一、战略性新兴产业金融需求特征分析

（一）一般金融需求分析

战略性新兴产业的金融需求，可以从广义和狭义两个方面来定义。货币资金的融通是广义概念。根据资金拥有的状况、公司现在的经营情况及未来发展的需要，科学预测所需资金，从而向各种金融中介、企业投资者和债权人筹集资金，以保证企业正常运转和发展是狭义概念。新兴产业有不同的划分形式，主要有三种：一是内源融资和外源融资；二是债权融资和权益性融资；三是正规金融机构融资和非正规金融机构融资。

战略性新兴产业与传统的产业不同，其发展呈现高成长性和高不确定性等特性，因此其金融需求也与传统产业不同，主要有以下几个方面的特性。

1. 由单一融资方式向多元融资方式发展

随着市场竞争的不断加剧，企业对资金的需求也在不断增加，战略性新兴企业对进口押汇投标保函、履约保函、预付款保函、质量维修保函等金融产品的

需求也在不断增加。

2. 融资渠道不断扩展

战略性新兴产业发展对创业投资产业链体系的需求十分迫切，其中包括政府投资引导基金、天使投资、风险投资、私募股权等。随着风险的持续增加，对创业投资风险补偿基金、新能源项目的专项保险、汇率远期的保值合约、汇率及利率掉期等金融服务的需求也在增加。

3. 综合服务需求加强

战略性新兴产业如果想从银行贷款，需要拥有大量的固定资产、清晰的盈利模式等，但是通常很难符合以上的条件。所以，以往的单一金融产品很难有效地为这些企业提供服务，这就对现代综合金融服务提出了要求。

（二）产业生命周期分析

戈特（Gote）和克莱伯（Kraber）于 1982 年利用 46 种产品的最长 73 年的时间序列数据，按照产业内制造商的数量，构建出了产业经济学中的首个产业生命周期模型。这个模型将产业的生命周期划分为四个阶段：初创阶段、成长阶段、成熟阶段和衰退阶段，其主要是依据产业的市场认知度、产业需求增长速度、产业竞争度、产业技术创新程度和技术扩散程度、用户的购买行为等指标。

战略性新兴产业尽管在发展战略和经济定位上有别于其他行业，但其发展同样遵循着产业生命周期原理，并经历了从产生期（幼稚期、初创期）到衰退期的全生命过程。

1. 初创阶段

新产业还处在萌芽期，只有少数几个企业对其进行了投资，该时期新产业的市场认可度较低，战略性新兴产业的内源融资已经无法对其发展进行有效的支撑。因此，这个时期的产业迫切需要外源资金的注入。

2. 成长阶段

一个新兴产业的成长阶段，也就是所谓的扩张阶段。在这一阶段，产业的市场认可度逐步提高。并且，除内源融资外，一些企业已开始从上下游企业获取商业信贷，银行也可依据其担保状况及企业的运营状况给予一定程度的放款。

3.成熟阶段

新兴行业逐步走向成熟期。主要产品具有非常高的市场认可度，甚至达到了市场主导的程度。在这个阶段，新兴产业可以比较方便地从银行贷款，而且社会其他资金也更倾向于成熟的企业，在这一阶段，企业不会面临较大的财务危机。

4.衰退阶段

新兴产业发展进入末期后就会变得艰难，大多数企业的正常利润下降并有一些企业开始退出。此时，投机者和追求高回报的风险投资者是衰退期企业的主要融资来源。

（三）战略性新兴产业不同阶段的金融需求分析

战略性新兴产业在其生命周期内分为多个阶段，这就导致了其在不同阶段的投资价值和投资风险存在差异，对金融的需求也有着不同的规律和特点，具体如图 6-3 所示。

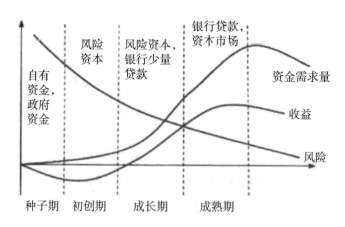

图 6-3　战略性新兴产业资本需求、收益与风险特征

其所处的阶段不同，对金融需求的特点也不同。

1. 种子期的金融需求

种子期的战略性新兴产业，大部分从事产品的研究开发，在实验阶段没有出售的产品，但企业的所有者认为未来产品将有巨大的市场前景。这时的财务处于亏损期，没有收入来源，只有费用支出。种子期的企业对资金的需求往往较小，但风险较大，因而金融机构对其评级很低，商业金融机构不愿对其提供金融支持，这段时期的资金主要来自政府研究开发资金、创业者自有资金或自筹资金，少部分能获得一些天使投资。

2. 初创期的金融需求

初创期是将种子期研究所形成的具有商业价值的项目成果，通过创业来实现产业化的阶段。这个时期企业的主要任务就是把资金投向产品开发和市场开发。初创期的技术风险和种子期相比有所降低，但市场风险和财务风险则变得较为突出。企业的信用评级在这一时期逐步提高，但要取得外部融资仍然十分困难。由于存在很高的风险，以谨慎为原则的商业银行往往不会为处于该时期的企业提供融资，而政府设立的扶持性创业基金将起到明显的支持作用。

3. 成长期的金融需求

成长期时，大部分企业的产品已经进入市场，企业销售收入、现金流量趋于稳定，此时企业所面对的主要风险，已经转变为经营风险，以及因规模扩大而产生的资本需求缺口。在这一阶段，企业的融资选择出现了多元化倾向，可以通过民间借贷、信用担保机构担保融资、政府基金、商品贸易融资、典当融资，以及股权的场外交易等途径来获取资金。这一时期虽然企业急需资金，但对外融资的地位却从被动逐渐转为相对主动。

4. 成熟期的金融需求

成熟期时，企业已有相当实力，整个行业的经营业绩高速增长，经营风险降低，企业的组织结构等各方面都发生了质变。处于成熟期的战略性新兴产业对资金的需求量仍然很大，可抵押的资产越来越多，企业开始通过增加长期债务等增加财务杠杆作用的方式来进行融资，而商业银行等比较稳健的金融机构对战略性新兴产业的放贷意愿也明显增强，获得银行贷款的总体难度降低。

二、战略性新兴产业发展的金融支持现状

发展战略性新兴行业，是中国调整产业结构，实现经济增长方式转型的一项重大举措。目前，中国的金融体制以银行为主，金融市场为辅，两者共同组成了发展战略性新兴行业所需的金融服务的主要供给渠道。再者，与传统产业相比，战略性新兴产业具有高成长性和高风险性，所以，以风险资本为主导的新金融业态，同样是战略性新兴产业发展不可或缺的融资渠道。

（一）以银行为主的金融机构对战略性新兴产业支持现状

近年来，中国的银行业和金融机构都呈现出相对平稳的发展趋势，其中，银行在储蓄的动员和资金向社会赤字部门配置中发挥了基础性和关键性作用。

1. 银行支持战略性新兴产业发展的现状

从规模上看，我国目前的金融体制对战略性新兴行业的信贷供给严重不足。银保监会提供的数据显示，近几年，国家开发银行对重大科技创新项目进行了全方位的支持，在 2020 年，发放了 1494 亿元的科技贷款，较上年同期增长了23%，为集成电路、商用飞机等一系列重大科技项目提供了资金支持，帮助关键领域的核心技术实现了新的突破。但是，这与发达国家对战略性新兴行业的扶持、其庞大的融资需要，以及银行系统中庞大的社会信用贷款相比，仍有很大的差距。所以，从规模上来说，目前我国的金融体系对于战略性新兴行业的支持力度还不够高。在投资方向上，中国目前的商业银行系统和国家的关系非常紧密，因此，在投资战略性新兴行业方面，银行往往会将有限的资金投入有政策扶持、有财政资金扶持、有一定生产规模和技术优势的国有骨干企业中。而对行业中众多的中小型企业、创新企业，缺少足够的重视。

2. 推动银行体系发展是金融支持战略性新兴产业基础

目前，我国银行业对战略性新兴行业的支持存在着明显的"规模不足"和"配置偏差"问题。这一方面是因为我国战略性新兴行业本身的发展特征，另一方面也与我国银行制度的不完善有关。在战略性新兴行业中，创新型高科技企业占主

导地位，这类企业因其对企业控制权的偏爱，更倾向于通过举债方式进行融资。由于银行信用是一种相对低廉的债务融资方式，因此，对战略性新兴行业来说，银行信贷资金应该成为其外部融资的首选。从历史和现实两个方面来看，目前中国的金融结构明显是以银行为主，并且在相当长的一段时期内，这一结构系统将会是中国金融发展的主要模式。所以，促进我国战略性新兴行业的发展，就必须建立起一套适合我国战略性新兴行业发展的金融支持机制。

虽然由于与政府之间的紧密联系，我国的商业银行体系受到了很多非议，而且存在较严重的信贷资金配置扭曲现象。但是，在政府合理的制度设计与改革措施作用下，这种政府与金融之间的联系，也使商业银行成为金融支持战略性新兴产业发展的可行路径。在国际上，通过政府和银行的紧密合作，促进战略性新兴行业的发展，已经有了很多成功的例子。德国、日本、韩国等国的经济增长，依靠的就是政府和大银行的紧密合作。从经济学的观点来看，战略性新兴产业的发展对资本的需求具有分散性和长期性。而商业银行利用金融中介的规模经济和期限转换能力，在满足这些资金需求方面，有着比较优势。所以，虽然银行将资金从传统产业转移到新兴产业确实存在着风险，但是，由于政府的支持和鼓励，这种风险会在很大程度上被化解，银行能够在没有后顾之忧的情况下，充分发挥自己的优势，从而实现对战略性新兴产业发展的金融支持。

更深入地观察研究可以发现，经济内生的需求会促使金融机构产生。推动中国的金融机构发展，来支持战略性新兴产业，这也是经济内生发展的必然需求所导致的。随着 2009 年全球金融危机的爆发，新兴产业的发展、产业结构的升级和经济增长方式的转型，逐渐成为全球经济发展的新趋势。中国作为一个发展中国家，不但没有在这个大潮中独善其身，而且制定了宏伟的发展战略，以求实现跨越式发展。在这种发展大势的驱动下，商业银行如果不能主动地适应由产业结构升级所引起的宏观经济环境的变化，及时地将资金从传统产业领域转移到新兴产业领域，不但会加大银行体系的系统性风险，也不能确保银行目前的高利润增长模式能够长久地保持下去。

（二）推动金融市场发展是战略性新兴产业金融支持的关键

在战略性新兴行业中，企业更倾向于采用债权融资的方式来满足自身的发展需求。虽然债券融资的成本较高，但其收益是银行贷款无法比拟的。具体来说，主要表现在四方面：第一，发行企业债券表明企业拥有良好的运营能力，对于提升企业的市场信誉度有很大的帮助；第二，债券融资具有"杠杆效应"，不仅可以为创新企业提供控制权，而且可以为创业企业提供充足的外部资金；第三，通过债券融资的"税盾效应"，可以确保在战略性新兴产业中，企业发展所获得的收益，尽可能地由政府手中转移给投资人，从而吸引外部资本的注入；第四，与银行信贷资金监管相比，创新型企业选择债券融资更具有自主性。

与债权融资相比，股权融资虽不很受欢迎，却是一种必须要选择的融资方式。战略性新兴行业的发展的不确定性较强，虽然采用债券融资的方式对产业的发展有很多好处，但存在一个较大的缺点，就是债券融资的方式不会为新兴产业的发展分担风险，因此为了实现战略性新兴产业更好的发展，企业需要借助股权融资的方式分散企业风险。此外，从企业的特征来看，高知型的科研人员既是企业的投入，也是企业最重要的一项"资产"。这类人员具有较高的潜在收入期望，若没有适当的激励措施，企业的发展将难以得到保障。而随着企业的发展，可以通过发行股票的方式来获取巨大的潜在收益，这恰恰可以满足这部分人高收益的期望。所以，从这一点上讲，选择股权融资战略性新兴行业发展的不可或缺的金融支持机制。

虽然中国的金融市场正处在一个快速增长的阶段，但从金融发展的角度来看，中国的金融市场在发挥其金融职能方面还存在着比较明显的缺陷。首先，在对储蓄的动员能力方面，我国的直接金融系统对储蓄的动员能力明显低于以银行为主要代表的间接金融系统。在欧美等发达国家，直接和间接融资的比例一般都在6∶4左右，就连日、德等以银行为主体的传统金融系统，也都是4∶6左右。在中国，这个比率是2∶8。所以，与金融业发达程度较高的国家相比，中国金融市场对储蓄的激励作用还不够充分。其次，就是资金的配置，这也是中国目前金融市场效率低下的主要原因。从宏观经济的角度来看，私人经济部门的效率要高于公共经济部门，所以，应通过将社会剩余资金分配到私人赤字部门，来发挥金融市场的作用。但是，由于中国金融市场的本质属性，以及固有的产权偏好、规模偏好等，参与市场融资和交易的主要是国有企业、大型企业或半公司化的融资平台，这对于以私营企业为主的创新型中小企业和战略性新兴产业具有明显的负面影响。

目前，中国的金融市场发展相对于银行系统来说还不够完善，与先进国家相比仍有很大差距。所以，在一定程度上，促进我国金融市场的发展是促进我国战略性新兴行业发展的一个重要方面。

（三）以风险投资为主的新金融业态对战略性新兴产业支持现状

1.新金融业态发展现状

新金融业态指的是与传统的银行、保险、证券等金融机构或债券与股票市场相比，为了弥补传统金融服务的缺陷，正在逐渐兴起的新金融机构、准金融机构或某类金融子市场或创新金融服务工具、模式与标准等。新的金融业态主要包括新的金融工具与新的金融市场相结合发展起来的私募股权投资和风险投资、产业发展基金等。在发达国家，创业投资已形成一种产业，在促进高科技研究开发和产业化方面发挥着举足轻重的作用。举个例子，美国硅谷和纳斯达克市场因聚集了庞大的风投资本，在美国的高科技行业中占据着举足轻重的地位。

在中国，为激励创业资金对高科技企业的积极参与，建立了以国家财政为主导的产业发展引导基金。产业引导基金是政府最直接的金融支持方式，可以将社会资金引导到政府鼓励的产业领域，从而达到政府的产业发展目标。一般情况下，都是通过"母基金"的形式，或者是发起创投，或者是通过 VC/PE 的形式来进行，不是以盈利为目的，而主要是通过鼓励创业风险投资来发展来对新兴产业进行扶持。2008 年金融危机过后，为了实现战略性新兴产业发展的目标，产业引导基金的规模呈现出了爆发性扩张的特点。在 2019 年上半年，全国政府引导基金共有 1311 只，总规模达到 19694 亿元，政府引导基金母子基金群总规模达到了 82271 亿元。

2. 新金融业态对战略性新兴产业支持现状

就规模而言，受新金融业态支撑的战略性新兴行业规模仍不够大。《中国风险投资年鉴》发布的数据显示，在我国的五个主要产业领域中，新能源是唯一一个被认为是最受风险资本青睐的产业，而在这些产业中，新能源行业所获得的融资占风险投资总额还不足 30%。从投资阶段上看，目前中国新融资业态对于战略性新兴产业的支持力度不足，大部分新融资业态基金都是在新兴产业成长期的中后期才进入，而不是在初始阶段。这种投资阶段后移的现象，并非雪中送炭，而只是锦上添花，对产业发展并没有太大的实际意义。新金融业态和战略性新兴产业之间并没有形成一个良性的互动关系。国际上新兴金融业态和高新技术产业的发展实践证明，新兴金融和高新技术产业的发展存在着相互促进和协调发展的长期平衡关系。

目前，我国的新金融业态发展对于战略性新兴产业的扶持力度较小，对该产业的拉动效应并不明显；而相应地，战略性新兴产业的成长性收益也尚未对新的金融业态产生反馈作用。由此可以看出，在我国战略性新兴行业中，战略性新兴产业与新金融业态之间还没有形成良好的互动发展关系。

3. 推动新金融业态发展是战略性新兴产业金融支持的未来趋势

从战略性新兴产业高技术产业化的特点来看，技术创新仅仅是产业发展的起点，而产业发展的关键在于成功地实现高新技术产业化。但是，对于大部分处在战略性新兴产业中的创新型中小企业而言，由于生产管理和市场开发不足，其技术创新很难实现产业化，从而失去了价值。创业投资是对传统金融服务的一种补充，它的主要功能是在提供风险投资的基础上，还提供了"融智"服务。风险投资人愿意冒着巨大的风险去追求有创新的开发项目，其原因在于他们本身就是某一行业领域的专家，可以利用自己的资金优势和行业经验，找到最具发展潜力的技术创新，并用最短的时间，将产业化新兴技术的创新企业培养成熟，之后再在市场上进行转让，从而获得利润。从对项目投资的风险管理和迅速追求收益的动机出发，风险投资人会利用自己多年的行业经验和所积累的市场网络关系，直接指导高科技新兴企业进行经营管理与市场开拓，甚至是参与其中，进而推动战略性新兴产业的整体发展。从以上的分析中，我们可以看出，推进以风险投资为主导的新金融业态的发展，不但具有很大的潜力，而且是战略性新兴行业金融支持机制的未来发展趋势。

（四）国家财税政策支持战略性新兴产业发展分析

国家为加快培育和发展战略性新兴产业，促进科技投入和科技成果转化，出台了高新技术企业所得税优惠、软件和集成电路企业税收优惠、企业研发费用税前加计扣除、节能环保相关优惠等一系列企业所得税优惠政策。

国家税务总局在学习贯彻党的十九届五中全会精神时，明确要求结合税收实际，按照"十二个围绕"认真贯彻落实。"十二个围绕"站位高、目标明、措施实，深刻把握了党的十九届五中全会对"十四五"时期我国发展的重大战略部署，清晰展现了进一步发挥税收在国家治理中基础性、支柱性、保障性作用的具体安排，对税收工作提出了新的更高要求。

根据党的十九届五中全会精神和"十二个围绕"要求，结合实际，应把握三个关键词。一是创新。创新在我国现代化建设全局中居于核心地位。税务部门需先行先试、不断探索，研究完善支持科技创新及其他各方面创新的税收政策措施，尽快形成具有国际影响力的税收制度安排。二是实体经济。税务部门需站在改革开放最前沿，瞄准产业发展新动态，研究税收支持战略性新兴行业、先进制造业、现代服务业等产业发展的政策措施，探索与数字经济等新经济新业态发展相适应的税收征管模式，助力经济体系优化升级。三是新发展格局。我国超大规模市场优势和内需潜力必将在构建新发展格局中充分激发出来，人民群众的生活品质将进一步改善。税务部门需在构建新发展格局中，在推进长三角一体化、自贸区新片区建设等国家发展战略中更好地发挥税收作用，进一步落实落细减税降费政策措施，不断提升税收治理效能，为市场主体发展壮大、为人民群众办税缴费打造一流的税收环境。

1.财税政策助力战略性新兴产业快速发展

（1）财税政策的含义与构成

财税政策是财政政策与税收政策的简称，由于税收是财政的组成部分，财税政策也可以统称为财政政策。政府支出指的是整个国家各级政府支出的总和，它由具体的支出项目组成，主要有两种类型，一种是政府采购，一种是政府转移支付。政府采购指的是政府对商品和劳务进行的购买，比如购买军需品、机关公用品，以及政府雇员报酬、公共项目工程所需要的支出等，政府采购支出是影响国民收入的一个重要因素，它的规模与社会总需求的增减有直接的关系。在宏观经济中，政府采购对政府和企业的经济发展具有调节作用。政府转移支付是国家用于社会福利、困难救济和补助等领域的一项不要求回报的支出。转移支付并不是国民收入的一部分，其只是收入在不同社会成员之间进行了一次转移，并对其进行了再分配。

财政收入中最重要的一项工具就是税收。税收收入是一项重要的财政收入，是一项国家为实现其职能而采取的措施。税收同政府采购和转移支付一样，也存在着"乘数"效应，也就是税收的变化对国民收入的变化起着乘数作用。在财政收入不能满足开支的情况下，就会发行公债，使公债视为财政收入的一部分。公债是指一国政府对民众的债务。公债与税收收入不同，是政府利用自身的信用来筹集财政资金，可以分为两种形式，包括中央政府的债务和地方政府的债务。

（2）政府采购政策与战略性新兴产业的成长

政府采购，是一种对公共采购进行管理的制度，是一种政府行为。政府采购政策是指政府制定的关于政府采购活动的指导原则和大政方针。

财政部最近发布的数据表明，在2022年，政府采购与公共资源交易的规模持续增长。在这当中，国有企业的政府采购和投标已经达到了38万亿元。在人工智能、大数据、云计算、区块链等信息技术的帮助下，政府采购的数字化转型发展迅速。在这一过程中，作为数字化采购主要力量的国有企业和央企，在2022年，采购的数字化转型和供应链的升级速度进一步加快。98个央企实现了80%以上的网络采购，30%的国有企业网络采购率达到50%以上。可以看出，在今后的一段时间里，我们的政府采购规模将会越来越大，而庞大的政府采购规模对于一些行业的发展也会有很大的支持作用，如果国家能够适当地在政府采购方面给予一定倾斜，必然对战略性新兴产业的发展起到重要的推动作用。

（3）政府转移支付政策与战略性新兴产业的成长

转移支付指的是政府或企业的一种不以购买本年的商品和劳务而进行的支付，也就是政府或企业无偿地支付给个人或下级政府，以增加其收入和购买力的费用，这是收入再分配的一种方式。政府的转移支付，又被称为财政转移支付。作为政府间金融活动的一种重要方式，财政转移支付对均衡各级政府财政支付能力、保证不同地区纳税人得到大致均等的公共物品、推动区域经济发展具有重要意义。在现代税制国家中，转移支付作为一种新的财政支出，其比例越来越大，并逐渐成为我国政府的一种重要的财政支出方式。政府间财政转移支付是指各级政府之间财政资金的相互转移或财政资金在各级政府之间的再分配。政府间转移支付是一种新的、有组织、有计划、有目的的转移。

政府转移支付政策是政府在转移支付方面所采取的指导原则和大政方针。为提升地方财政的安全性和稳定性，财政部在 2022 年 4 月下发了《中央对地方均衡性转移支付办法》。2020 年，中央与地方之间的均衡转移支付预算为 700 亿元，共安排了 16.32 亿元的资金。在 2020 年 12 月底全国财政工作视频会议上，提出 2021 年的财政政策有十大重点，大多是针对新兴企业所设。

当前，我国的财政转移支付被分成了两种类型，一种是一般性财政转移支付，另一种是专项财政转移支付。一般性转移支付的总体目标是缩小地区间的财力差距，逐渐实现基本公共服务均等化，保证国家出台的主体功能区政策能够顺利实施，加快形成统一、规范、透明的一般性转移支付制度。国家对财政专项转移支付做出明确的规定，并对有关资金进行专款专用。战略性新兴行业的发展需要财政转移支付的支持，若能通过财政转移支付的方式对其进行支持，将会极大地促进新兴产业的发展。

（4）税收政策与战略性新兴产业的成长

税收政策指的是，在一定的历史时期，为了实现一定的社会经济目标，在缺少法律规定或者法律规定不明确的地方，在税收方面所采取的行动或制定的行为准则。国家通过税收的强制力来指导社会和经济的发展，实现了对社会和经济结构的合理调整。在不同的税收政策之下，国家可以对一些产业进行税收激励，以促进这些产业的成长和发展。如果国家能够给予战略性新兴产业更大程度的税收优惠政策，必定会极大地促进其发展。

2. 我国战略性新兴产业税收优惠现状

近几年，国家对新兴产业实施了一系列的税收政策，包括增值税、消费税、所得税、资源税、营业税等，并提高了对高能耗、高污染、高资源型产品的出口退税率。现行的税收优惠政策比较分散，经过梳理归集，主要有以下几方面。

（1）节能、环保产业税收优惠政策

具体包括：环境保护、节能节水项目所得减免企业所得税；购置节能节水、环境保护和安全生产专用设备投资抵免企业所得；资源综合利用企业的税收优惠政策。

（2）鼓励科研投入的税收政策

具体包括：固定资产加速折旧；研究开发费加计扣除；符合条件的技术转让所得减免所得税。

（3）鼓励企业发展的税收优惠政策

具体包括：高新技术企业；技术先进型企业；软件企业；集成电路企业；动漫企业。

（4）现行新兴产业税收优惠政策的局限性

第一，增值税和企业所得税政策中对资源综合利用比例标准不一。目前，针对资源综合利用企业，两种税制的标准不一，有即征即退的，有对综合利用比例设置要求的，所得税的比例为70%，增值税只需30%。建议统一标准，以促进循环经济的发展。

第二，技术先进型服务企业认定标准不够合理。跨国公司设在中国境内的研发中心或生产基地越来越多，且从事技术服务外包的公司通过跨国公司在中国境内的研发中心或生产基地签订服务合同，虽然这些企业从技术创新能力和技术服务能力上具备技术先进型服务企业认定条件，其所提供的合同也是与国外知名的跨国公司签订的，但由于无法达到与境外客户签订服务外包业务收入不低于当年总收入的50%的指标，无法享受优惠政策。

第三，企业为开发新技术、新产品、新工艺发生的研究开发项目的认定处理弹性较大。按照国家税务总局下发的《企业研究开发费用税前扣除管理办法（试行）》，主管税务机关对企业申报的研究开发项目有异议的，可要求企业提供政府科技部门的鉴定意见书，企业在取得相关部门鉴定意见后，主管税务机关仍有异议的，如何处理弹性较大。

第四，所得税方面的局限性：一是企业研发费用加计扣除的力度不够；二是环境保护、节能节水税收优惠政策不够完善；三是购置专用设备投资抵免税额的优惠目录不够全面，具体如表6-1所示。

表6-1 战略性新兴产业现行税收优惠政策简介

优惠方式	优惠项目	具体政策
直接优惠	税率（t）优惠	国家认定的重点扶持的高新技术企业、技术先进型服务企业，可减按15%的税率征收企业所得税
		对小型微利企业按20%的税率缴纳企业所得税
		国家规划布局内重点软件企业减按10%税率征收企业所得税
	应纳税所得减免	对小型微利企业年应纳税所得额不超过100万元的部分，减按25%计入应纳税所得额；对年应纳税所得额超过100万元但不超过300万元的部分，减按50%计入应纳税所得额
		创业投资企业采取股权投资方式投资于未上市的中小高新技术企业2年以上的，可以按照其投资额的70%在股权持有满2年的当年抵扣该创业投资企业的应纳税所得额；当年不足抵扣的，可以在以后纳税年度结转抵扣
	应纳税额减免	依法成立且符合条件的软件企业，在2018年12月31日前自获利年度起计算优惠期，第一年至第二年免征企业所得税，第三年至第五年按照25%的法定税率减半征收企业所得税，并享受至期满为止
		一个纳税年度内，居民企业技术转让所得不超过500万元的部分，免征企业所得税；超过500万元的部分，减半征收企业所得税
		购置并实际使用列入《环境保护专用设备企业所得税优惠目录》《节能节水专用设备企业所得税优惠目录》和《安全生产专用设备企业所得税优惠目录》的环境保护、节能节水和安全生产专用设备，可以按专用设备投资额的10%抵免当年企业所得税应纳税额；当年不足抵免的可以在以后5个纳税年度内结转

优惠方式	优惠项目	具体政策
间接优惠	加计扣除	2018年1月1日至2020年12月31日，企业开展研发活动中实际发生的研发费用，未形成无形资产计入当期损益的，在按规定据实扣除的基础上，按照实际发生额的75%在税前加计扣除；形成无形资产的，按照无形资产成本的175%在税前摊销
	加速折旧	企业2014年1月1日后新购进的专门用于研发的仪器、设备，单位价值不超过100万元的，允许一次性计入当期成本费用在计算应纳税所得额时扣除，不再分年度计算折旧；单位价值超过100万元的，可缩短折旧年限或采取加速折旧的方法。缩短折旧年限的，最低折旧年限不得低于企业所得税法实施条例第六十条规定折旧年限的60%；采取加速折旧方法的，可采取双倍余额递减法或者年数总和法
		生物药品制造业，专用设备制造业，铁路、船舶、航空航天和其他运输设备制造业，计算机、通信和其他电子设备制造业，仪器仪表制造业，信息传输、软件和信息技术服务业等六个行业的企业2014年1月1日后新购进的固定资产，可缩短折旧年限或采取加速折旧的方法
	收入减计	符合条件的软件企业按照规定取得的即征即退增值税款，由企业专项用于软件产品研发和扩大再生产并单独进行核算，可以作为不征税收入；在计算应纳税所得额时从收入总额中减除
		企业以《资源综合利用企业所得税优惠目录》中所列资源为主要原材料，生产目录内符合国家或行业相关标准的产品取得的收入，在计算应纳税所得额时，减按90%计入当年收入总额

3. 战略性新兴产业税收优惠问题分析

（1）税收优惠政策精准性和有效性不足

第一，战略性新兴产业的税收优惠政策缺少针对性。

我国税收政策在不断地进行完善，但从调研中发现，我国很少有针对战略性新兴产业的税收优惠办法出台，近年来财政部对新兴产业税收优惠的政策具有明显的滞后性，税收优惠政策大多是为高科技企业制定的，这不符合新兴产业的实际需求。

首先，战略性新兴行业是一个外部效应很强的行业。战略性新兴行业是一项关系到国民经济整体发展的重要产业。在现行的税制中，没有为战略性新兴产业提供特殊的税收优惠，相应的政策缺位造成了对企业的激励不足。

其次，战略性新兴行业有"高风险性"，这些企业创新技术能力强，但没有可抵押的资产，在发展初期需要大量的资金投入，只有支出没有收入，因此要通过税收优惠等政策来补偿，从而引导社会资源，降低创新风险。但是，从现有的税收优惠来看，以企业所得税为主，而且主要集中在研发的税收优惠上。只有在新兴产业进入成熟阶段，具有盈利能力，或具有清晰的研究与开发方向，并有充足的研究与开发资本之后，才能享有此项政策。但事实上，很多创新型中小企业或是新兴产业企业都没有足够的预算去做研究和创新。

最后，虽然当前已经将战略性新兴产业进行了划分，细分为九大产业，但是目前对战略性新兴产业的税收优惠政策并未对各产业的特点及要求进行具体分析，而是过于笼统。比如，航空业和数字创意产业不可能有同样的税收优惠需求，这样粗略的优惠支持政策对企业不仅没起到激励作用，反而会造成产业之间发展失衡，从而影响战略性新兴产业整体的健康发展。

第二，对战略性新兴行业的税收优惠比较单一，缺乏针对性。

税收优惠政策单一，其中一方面表现在税收优惠主要针对的是创投企业，并且对科技人员的比例提出了要求，还有的要求居民企业技术转让所得不超过500万元的部分，免征企业所得税，因此优惠力度不够大。另一方面体现在税收优惠办法上。当前，我国对战略性新兴产业的税收优惠主要集中在企业所得税上，在流转税和个人所得税等方面的优惠很少，这就制约了我国战略性新兴产业的创新。此外，由于战略性新兴行业中无形资产所占比例较高，属于高附加值活动，这就导致其产品对资源的消耗较小，进项税的抵扣较小，从而加剧了企业流转税的负担。

税收优惠方式对企业的研发加计扣除项目界定、先征后退等的计算和申报都很烦琐，抵扣周期较长，影响了企业的创新产品转化过程，而且对直接和间接优惠分配不均，不能很好促进战略性新兴产业高质量发展。

创新企业在初创期资金最为缺乏，最希望能从税收优惠政策中得到帮助，而我国的税收优惠方式的单一性使得企业在初创期很难前行，很多企业因为创新成果向生产力转化在现行税收优惠政策中的缺失而退出这个行业。由于没有前期开发、设计、研究阶段的优惠，企业自主创新能力差，就会大量依赖进口，采用其他国家的核心技术，使得企业的发展缺少技术支撑，不仅增加了运营成本，也会受到发展的限制。对于研发最后环节的成果转化，缺乏足够的激励，导致了创新成果转化率低，没有让创新产生真正的经济效益。

（2）税收优惠政策法律地位低

我国税收优惠政策立法层级低，重要的优惠政策一般以法律或行政法律的方式发布，而战略性新兴产业的税收优惠政策仅以暂行条例、通知和公告等方式实现，这样低层级的立法缺乏权威和稳定性，并且政策变动也比较频繁，不利于战略性新兴产业的良性发展。

另外，有些地方政府为了实现政绩，随意出台一些措施来发展战略性新兴产业、吸引投资，虽可能暂时缓解了新兴产业融资难的问题，但不利于新兴产业的长期发展。而且地方政府出台的这些财税优惠政策也加剧了地方以及战略性新兴产业发展的不平衡，同样不利于战略性新兴产业的研发创新，使企业的运营难度增加。

（3）税收管理水平低

因为税务执法人员的素质良莠不齐，以及缺乏规范的税收机制，导致了税收管理水平较低，税收优惠政策无法有效地落地，或是无法把握实施效果，不利于政策的调整和下一步税收政策的制定。

税务人员的税收专业知识储备较少，不能快速、主动地学习不断更新的税收优惠政策，这对政策落地效果造成了直接的影响，甚至是弱化了执行效果。在一些地方，执法人员对本地的法律法规不够熟悉，不能根据具体的法律法规，灵活地处理问题。上述种种现象均削弱了对战略性新兴行业的激励作用。

此外，对于一些特殊的战略性新兴产业，也缺少相应的绩效评估机制。由于评价机制的缺乏，一是没有起到激励企业研发创新的作用；二是无法反馈企业享受税收优惠后的实际情况，政策落地效果不理想。

（4）具体税制结构问题

现行相关税收政策对支持战略性新兴产业的发展起到了一定的作用，但是通过对现行相关税收政策的全面梳理和政策应用执行情况的深入调研发现，在政策制定及其执行过程中，存在设计缺陷和需要完善的部分，主要有以下几点。

第一，增值税税制结构问题。

首先，战略性企业的特点就是无形资产的比重较大，而无形资产不能抵减进项税额，同时购进的专利权和非专利技术等在抵扣范围内，加重了企业的增值税负担。

其次，增值税最大的特点就是凭票抵扣制度，但战略性新兴产业的研究开发费用、技术转让费、专利权和非专利技术等无形资产支出和科技咨询费用支出，无法开具增值税发票，无法进行抵扣。

最后，新产品要投放市场，要花很多钱进行广告和宣传，特别是生物医药行业，广告费由于税制的原因不能抵扣进项税额，更不能像一般企业（烟酒）一样享受加计抵扣，因此，现行增值税政策导致新能源汽车、生物、新材料等新兴产业增值税负担较重，在一定程度上挫伤了企业技术创新投入的积极性。

第二，企业所得税优惠政策内容和设定问题。

一是税收优惠政策的前置条件不合理，政策执行时会出现一些弊病。比如环境保护、节能节水项目企业所得税三免三减半。前提条件必须是 2008 年以后投资新建的。这使得之前时间段的环境保护、节能节水项目无法享受优惠政策。还有，享受政策的主体必须是自建、自行运营。而节水项目污水处理厂运营的模式是由政府投资建设，资产属于政府，建成后委托给企业管理运营，企业只提供营运服务，不能享受优惠政策。因而部分符合新兴产业发展的项目被排斥在政策之外。

二是高新技术企业认定缺陷，出现优惠政策被滥用的现象。高新技术企业所得税优惠税率为 15%，优惠政策内容单一，仅有低税率优惠一项，未能形成多税种相互配套的政策体系。一些企业为了逃避税负，以非法手段通过高新技术企业认定来享受税收优惠。只要取得高新技术企业认定证书，就可以"名正言顺"享受政策。

三是不同行业享受税收优惠政策没有体现出差异性。符合条件的小型微利企业实行 20% 的优惠税率，企业安置残疾人员所支付的工资加计 100% 扣除，安置特定人员（如下岗、待业、专业人员等）就业支付的工资也给予一定的加计扣除，资源综合利用企业的收入总额减计 10%，技术先进型服务企业所得税税率为 15%，教育经费税前扣除比例为 8%。同时，技术先进型服务企业中有许多软件外包类企业的税收优惠与15%的优惠税率存在重叠，但新法规定此类税率优惠、扣除比例不得叠加使用，造成软件外包类企业对技术先进型服务企业认定缺乏积极性，使技术先进型服务企业税收优惠形同虚设。

四是鼓励研发投入、支持科技创新的税收优惠政策力度不够。对科技先进型服务业企业，按其工资收入总额8%提取员工教育资金；对于一般的企业来说，这也许绰绰有余，但是对于那些技术含量高、知识更新速度快的战略性新兴产业来说，人才的培育是企业核心竞争力的关键，8%的扣除率已经无法满足企业对科技人才的培育和员工的培训需求。

五是技术转移的内容具有一定的不确定性，使企业"有机可乘"。对技术转让所得金额在500万元以下的部分，给予免税，超出万元的部分，对企业所得税减半征收。由于免征额高，且法律没有明确技术转让是一项或多项，因此企业为逃避税负，就采用拆分合同分年度计算转让收益的方式进行避税。如某企业技术转让所得额为1000万元（企业所得税税率25%），按规定，当年应纳企业所得税=（1000–500）×25%×50%=62.5万元。如企业拆分合同，分年度确认收入，且两年技术转让所得额分别按500万元计入，那该企业两年内均享受税收优惠政策，应纳企业所得税额为0元，企业实现"节税"62.5万元。

第三，税收优惠资质管理问题。

首先，资格确认缺少权威部门"把关"。对于高新技术企业资格认证，2008年颁布了新的管理办法，宗旨是提高标准，认定一批具有核心自主知识产权的高科技企业，给予税收优惠。但是某些部门出于指标、任务考虑，加之实际认定中各部门之间的分工有余而合作不足，都是依据职责按相关标准打分来评判，以分数为准，没有权威部门进行"一票否决"，难免会出现一些"伪高新"企业。

其次，税收优惠认定标准存在问题，认定标准"僵化"。由于认定标准是依据高新产品收入等相关内容进行设定，造成部分"伪高企"（不具备科技创新能力）。企业根据标准购买专利、申请外观设计专利等，创造条件去满足认定要求。结果是享受政策的企业生产经营活动与申请的专利、科技项目无关，其收益也不是由所申请的专利带来的。

最后，优惠对象应定位于科技活动过程和科研成果，对项目、研究开发环节提供优惠，激励具有实质意义的科技创新行为。

第四，税收征管上存在的问题。

一是税收优惠项目涉及专业性知识较强，认定、鉴定难度大，影响政策执行。现行税收优惠政策不少项目是由国家行业主管部门发布优惠目录，再由税务主管部门对照目录确认是否可以享受优惠。实践中由于税务人员对设备名称、指标和功能等专业性术语不了解，只能从字面上去对应，审核的准确度难以把握。

二是优惠政策强调事前认定，忽视后续管理。税务部门政策管理理念落后，在企业享受税收优惠政策的过程中，只关注企业是否具备减免条件，而忽视企业减免税的后续管理。一些新兴企业在获得企业所得税减免税额后，任意处置减免税额，更有甚者直接将减免税款进行分配，完全违背了减免税政策的目的和意义。

第三节　高新区作为金融与新兴产业结合载体的优势

金融和战略性新兴产业的融合常常要求有特定的载体和平台。中国特色的高新技术开发区不仅是战略新兴产业发展的"摇篮"，也是金融资源流动和集聚区域，在推动金融与新兴产业结合方面发挥着重要的载体作用。

高新技术开发区为创造良好的创业氛围提供了平台，对促进我国高新技术产业的发展起到了积极的推动作用。美国的"硅谷"作为全球最早、最负盛名的科技开发区，以其在高科技领域中的聚集与创新而闻名。硅谷的成功已经引起许多学者的关注，他们希望能够找到推动它发展的关键因素，并把这个产业模型向全球范围扩展。硅谷的创业精神，世界各地的人才，以及一种开放型的社会环境，构成了一个良好的循环，使人才与资本持续向这个区域流动，尤其是创业资本的蓬勃发展，为高新技术企业的成立提供了强大的资本支撑，促进了新兴行业与高技术产业的快速发展。有些学者提出了三个方面的观点：一是高新区自身的发展因素，包括高新区的产业结构、基础设施、风险投资网络、附加价值、科研机构网络、声誉和地理位置等；二是微观因素，包括企业的研发战略、企业的开放性网络、在市场上的地位、财务状况以及合格的人才等；三是宏观因素，主要包括各地区的研发政策、税收政策、政治稳定以及外部市场的竞争等。伴随着高新技术开发区的不断发展，其内部的融合程度也在不断提高，园区的形式也从最初的科技产业园区，变成了一个将科技和产业进行了密切融合的第二代科技园区，并且还在朝着科技和经济相融合的第三代科技园区发展。

当前，我国的高新区已经逐渐成为战略性新兴产业的策源地和集聚区，这在国内外学术界已经达成了共识。在中国，高新技术开发区是以国家和地方两个层面上的高新区为依托的。总的来说，在创新资源和创新环境两个层面上，高新区为战略性新兴产业的发展打下了良好的基础，并逐渐构建出了一个良好的制度、政策和服务环境，在科技资源的共享、公共服务水平、具有战略意义的创新成果以及科技人员的密度等诸多领域，都有着得天独厚的优势。尤其是，高新区还是一个金融资源流动和聚集的地方，它能最大限度地利用自身的地域优势，使资金和技术实现有效的衔接，从而使高新区变成了一个金融与战略性新兴产业相融合的重要载体。当然，因为国家级的高新区通常都是其所在城市进行创新活动的集聚地，所以它具有比较强大的创新能力，拥有比较浓郁的创新气氛，同时还拥有良好的产业发展基础。此外，高新区的基础设施条件比较好，拥有良好的金融等资源，因此它也成为当地城市发展的中心，成为促进金融与战略性新兴产业相融合的一个重要载体。

近年来，随着政府有关方面的大力扶持，我国高新技术产业开发区在创新制度和模式上进行了改革，逐步形成了多元化、多层次的高新技术产业投资与融资制度。在金融机构的支持下，高新技术开发区的产业规模越来越大，很多高新技术开发区都在积极地发展一些新型的产业。科技部与"一行三会"共同印发《促进科技和金融结合试点实施方案》，其中一项重要举措，就是在国家高新区、国家自主创新示范区、国家技术创新工程试点省（市）创新型试点城市等科技金融资源密集的地区先行先试，推动科技与金融相融合，加快战略性新兴产业的发展。

第四节　我国战略性新兴产业发展的
金融支持障碍

目前，国际上主要发达国家在金融发展上具有较强的优势，它们在发展战略性新兴行业方面有着比较全面、系统的支持。美国、英国拥有成熟而活跃的创新资本，以及一个发达而健全的多层次的资本市场。日本、德国则拥有一个发达而又强大的金融系统，为新兴行业的发展提供了充足的资金。在政策的鼓励之下，我国的金融体系也在逐步探索并加强对战略性新兴产业的支持，尤其是典型的高新区，在促进金融体系对战略性新兴产业的支持上表现得更加显著。然而，在推动金融与战略性新兴产业融合的实践中，仅北京中关村等具有代表性的高新技术产业开发区取得了显著成效，而其他地区的高新技术产业开发区在金融资源、战略性新兴产业发展、社会文化、政府对金融与战略性新兴产业的重视程度上还存在很大的不足。所以，就整体而言，我们的金融制度对于战略性新兴行业的支持仍处于起步和摸索阶段，还存在着诸多的障碍和不足。

一、市场失灵使金融与战略性新兴产业的结合面临较大鸿沟

当前，大部分的战略性新兴产业都还处在发展的初级阶段，在这个产业中的衍生企业主要是一些科技型中小企业，它们在金融领域中还没有树立起自己的形象和声誉，市场失灵导致企业和金融资本无法有效融合，这已经成为一个世界性的问题。为"强位弱势"的中小型企业提供融资支持，已成为国际上政策制定者的普遍选择。1931 年英国发表了《麦克米伦报告》，这标志着英国中小企业融资困难问题开始走进理论界与实务界的视野。该报告将"中小企业金融缺口"定义为"麦克米伦缺口"（Macmillan Gap），反映了政府对经济增长进行干预的需求，并明确提出了应对"麦克米伦缺口"的政策方向。就现阶段而言，战略性新兴产业和金融的融合程度很低，这主要是市场失灵所致。

（一）金融供给市场自身走向分割使战略性新兴产业的融资需求不能得到有效满足

由于历史传统、自身经营理念等，在自然演化的过程中，金融体系可能会趋于走向分割，形成了一个相对独立的金融资源配置市场，并对新兴企业和中小企业实行差别化政策，进而产生了信贷配给的现象，这就导致了战略性新兴产业的融资需求无法得到有效的满足。亚当·斯密首先提出了信用配给的观点，凯恩斯在他的《货币论》中也提出了自己的看法，认为信用配给是一种不合理的借贷，这也是导致投资量增加的原因之一。第二次世界大战之后，经过联邦储备委员会，贾菲（Juffie）、拉塞尔（Russel）、斯蒂格利茨（Jaseph Stiglitz）等人的研究，"信用配给理论"已经发展成为一个较为完备的理论体系，其中信用配给主要分为两种情况：一是部分人拿到了贷款，另外一类人即使想要更高的利率，也会遭到拒绝，无法拿到贷款；二是某一特定贷款申请人的请求仅能部分实现。事实证明，新创企业和中小型企业倾向于成为信用配给的主要目标和受害者。

（二）价格管制使得资金供给者缺乏合理的定价空间，导致战略性新兴产业融资市场的供给不足

爱德华·肖指出了价格的重要性，并对此做了深刻的分析，他说："金融资产的价格或许是金融是否深化的最好体现。在一个财政状况不佳的经济体里，由于真实利率较低，对金融资产的需求受到抑制，又由于信用配给，即使是场外的非法交易，也受到了反高利贷和政府监管的限制。所以，发展中国家有必要在金融改革的过程中，让利率能够精确地反映出投资机会的客观存在。"在金融市场完善的情况下，市场本身能够对风险进行评估，从而使新兴企业的融资价格能够以风险溢价来弥补提供方所承受的更高的风险。然而，我国目前对新兴产业的价格管制却限制了价格发挥作用的空间，在一定程度上限制了供给，这就导致新兴产业面临着融资困难的问题。我国利率市场化改革，特别是贷款利率市场化定价机制的改革，一直以来都比较落后，这就造成了银行对新兴企业和中小企业的信贷市场没有足够的定价空间，银行为新兴企业和中小企业提供服务的动力不足。

与此类似，A股市场中的IPO市盈率上限控制，使一批定价不合理的优秀创新型企业不得不选择境外上市，从而削弱了市场对潜在资金供给者的吸引力。

（三）战略性新兴产业领域内企业主体和资金供给方的产权缺陷削弱了市场交易基础，使两者的结合面临障碍

战略性新兴产业金融市场中的产权问题，主要包括两个方面：一是在新兴产业中，企业对其财产权的界定与保护；二是对提供资金的主体，如放贷人、债权人、投资者等进行产权的界定与保护。通过梳理国内外主流文献，我们发现，新创企业的产权明晰和对新创企业的法律保护，是决定其融资有效性的重要因素。世界银行对全世界约120个国家的营商环境进行的调查表明，对信贷人权利的保护以及私有产权的保护对新兴私人企业融资的影响远远大于金融市场中信用体系、利率市场化以及机构数量等外部条件的影响。约翰逊等人关于匈牙利、捷克、苏联、保加利亚的个案分析显示，私人财产权和信用权利的保护比较成功的国家，其私人中小企业的对外融资也比较容易，而且发展比较好。相反，那些破产与担保法体系不健全的国家，企业私有化之后，通过股票或银行借贷等途径获得资金，会受到各种制约，他们的发展受到了很大的阻碍。另外，《中国中小企业金融制度报告》还表明，对财产权的保护，对中小企业的融资有很大的帮助，如台州和东莞这样的地方，因为财产权改革比较早，很少出现贷款难的现象，这些地方的银行都很乐意为中小企业提供融资服务，从而加速了中小企业的发展。而在财产权保护薄弱的地方，银行采取了比较保守的做法，限制了中小企业的融资。

（四）市场交易成本过高改变了市场交易行为，直接导致战略性新兴产业融资市场的萎缩

由于战略性新兴产业的技术创新行为具有快速提升的特点，同时其技术发展的方向和趋势也相对不易掌握。除此之外，由于企业在各个方面和各个时期所呈现出的特征和所面临的风险也有着显著的差异，极易造成金融机构与企业间的信息不对称，这就要求金融机构进行调研时要多下功夫，要具备更丰富的行业技术

方面的知识，并对合适的激励与制约机制展开深入的探讨，从而将技术创新与金融资本有机结合起来。在金融市场中，由于存在信息不对称而导致的逆向选择、道德风险等因素，金融市场中的交易成本明显增加。同时，制度原因造成的"低效"现象，也导致了在金融市场中，交易费用持续上涨。比如，与中小企业信贷密切相关的不动产和动产抵押，和与银行合作的抵押登记，需要分别在十多个不同的部门进行流程操作。中小企业改制上市时，光是等待地方政府部门出文，就要很长时间，还需要工商、税务、土地管理、证监局、发改局、环保等多个部门出具的证明材料，有些企业还需要质检、海关等部门批准，这都会加大企业改制上市的成本。

此外，战略性新兴行业中的高科技企业普遍存在着规模小、行业波动大、抗风险能力差等问题，使得其在风险管理中存在着很大的困难。因此，在我国战略性新兴行业中，资本市场的发展是一个十分重要的问题。

其实，不管在何种条件下，战略新兴产业的企业融资都可以看作一种市场交易问题。从金融市场视角来看，对于融资未被满足的行业/企业，其问题的关键既在于企业愿意付出成本的大小，也在于资本提供者想要得到怎样的风险和收益。在没有信息成本、交易成本和产权保护不足的情况下，市场机制（主要是价格机制）将会得到最大限度的发挥，资金的供需双方就能够在谈判中达成交易，从而完成融资活动。在这一过程中，存在风险价格、融资总量以及市场的平衡态问题。然而，现实是我国的金融市场永远都是不完备的，尤其是对中小企业来说，其市场机制的不完备性更为明显。这就意味着，在战略性新兴产业中，市场机制在为企业提供融资的过程中，将会受到明显的阻碍，造成企业真实的有效资金需求不能获得充足的供给，导致企业陷入融资的困境。市场自身及其他原因，导致了战略性新兴产业出现融资失败的情况，使得我国目前对于尚处于起步阶段的战略性新兴产业，无法充分发挥金融市场对金融资源的基础配置作用。特别是在当前阶段，以科技型中小企业为组成主体的创新企业组织，尚不能与国民经济的储蓄流以及其他的金融资源展开有效的竞争，导致了战略性新兴产业的融资的需求得不到满足。

二、结构不合理使金融与战略性新兴产业的发展主体不匹配

从我国目前的经济状况来看，整个金融体系中，间接融资体系占据了主导地位，其主要是国有大型银行或国有控股银行。此外，作为多层次资本市场底层的场外交易市场发展十分迟缓。这表明，我国的金融结构不合理，与众多的由高科技中小企业所组成的战略性新兴产业的发展主体严重脱节，阻碍了战略性新兴产业的发展。具体来说，主要表现在以下几方面。

（一）银行在金融体系中占绝对主导地位，大型银行在银行体系中又占据主导地位，与战略性新兴产业领域众多的科技型中小企业构成的主体不匹配

从我国金融体系的结构来看，以银行金融机构为主体的间接金融体系仍然占据着绝对的优势，而以股票和债券为主体的直接金融所占的比重虽有增加，但仍处于较低水平。因此，我们的金融系统是一个以银行为主导的系统。在银行主导的结构下，银行承担了太多的风险，这也使许多企业，尤其是战略性新兴产业中的创新创业企业，在发展初期难以得到银行的资金支持。

与此同时，我国的银行业也是以大型的国有商业银行为主，银行业具有高度集中性。按照美国经济学家贝恩（Basen）与日本经济发展部所提出的产业集中度划分标准，如果一个产业内排在前四名的企业，其相关值占全产业的比例 $CR4 \geq 30\%$，或者如果一个产业内排在前八名的公司，其相关值占全产业的比例 $CR8 \geq 40\%$，那么这个产业就属于垄断型。当 CRn 较大时，产业的集中程度较高。计算对我国银行业的市场集中度，我们可以发现，无论从存款、贷款，还是从总资产来看，中国的银行业都是一个"寡头"的产业，只有很少的几家大型银行在市场上占据了主导地位，银行的集中程度非常高。

由于金融机构过于集中，缺乏市场竞争，造成了银行经营活力不足，以及经营效率降低；林毅夫、章奇、刘明兴等人从不同制度下的融资成本差异出发，结合我国实际情况，分析了我国大、中、小三种银行在支持中小企业发展方面的比

较优势。他们认为，大银行面向中小企业开展金融业务时，其单位资金的平均信贷审批成本、信息和风险控制成本都相对较高，而且其资本雄厚，机会众多，难以与其建立长期、稳定、密切的合作。因此，在为中小企业提供融资服务方面，大银行与中小银行没有比较优势。这也就使目前我国少数大银行占据主导地位的银行市场结构，与其在战略性新兴行业中所形成的企业组成主体严重脱节，导致了众多高科技企业在战略性新兴行业中的融资需求得不到满足。观察发现，出于风险回避的考虑，当前，我国商业银行的信贷投放仍然集中在传统产业领域，尤其是国有大型银行的信贷投放，大约50%的企业贷款分布在公路及运输、电力及电力设备、房地产、城市基础设施等传统行业，而且存在着"贷大、贷长、贷集中"的情况，对战略性新兴产业领域的信贷投放比重仍然较低。

另外，政策性银行是以完成政府的各项政策任务为主，这对其融资能力的发挥也有一定的制约作用。政策性银行一般都会对其投资的目标有特定的条件，战略性新兴产业以高科技中小企业为主，所以，可以作为抵押的财产比较少，而且缺乏有能力的担保机构。

（二）我国多层次资本市场已经初步建成，但因其规模、产权等体制性障碍，加上交易所建设滞后，未能满足众多高科技中小企业的上市需求

在政府关于建立多层次股票市场体系的推动下，一个由主板、中小板、创业板、场外报价转让市场组成的多层次资本市场体系发展蓝图已经初步形成。然而，目前我国证券市场仍面临着规模、所有制等体制性障碍，各层级证券市场的功能定位不清、场外交易市场发展速度较慢、债券市场"跛足"等问题，导致了我国证券市场对高科技企业直接融资的严重不足，制约了我国高科技企业的发展。

1. 股票市场存在规模和所有制形式等制度障碍

从建立之日起，我国证券市场就或多或少地受到行政化的影响。尽管目前的证券发行体制已经从审批制转向了核准制，并且已经开始了一系列的市场化改

革，比如股权分置改革，引入机构投资者，等等，但是，股票市场在选择上市企业的时候，还是会出现"重大轻小""重公轻私"等现象。这些制度壁垒明显削弱了资本市场价值发现、市场筛选和资源配置的市场化功能，并将已有的资本市场与战略性新兴产业的关联割裂开来，造成制度缺口。

2. 股票市场板块的功能定位模糊

在中国，"中小企业板"设立的目的就是帮助中小企业缓解融资困难。但是，从中小企业板的现实运行来看，中小板主板化趋势十分显著，其上市条件并不低于主板，企业上市发行的平均规模要高于该板块原先设置的上市基础标准。我国的创业板主要面向自主创新企业和其他成长型新兴企业，但相对于国外大多数的创业板，其上市要求还是比较高的。比如，创业板的指标仍然是以"净利润"为核心，并且对企业的盈利能力有一定的要求；对企业的经营范围和经营年限也有限制；对发行者的成长有定量要求。从这里可以看出，中小企业板和创业板可能存在着对企业规模的偏爱，这显然与其设立的初衷背道而驰，也减弱了其应有的功能，致使大量的高科技中小企业和成长性企业仍不能与低水平的证券市场进行有效的对接。

3. 场外交易市场建设的进程缓慢

代办股份转让系统是场外交易市场的重要组成部分，它也是多层次股票市场体系中的一个低标准市场和后备市场。从理论上讲，代办股份转让系统应当是一个多层次股票市场体系，为不愿意或不具有到交易所上市条件的企业（以中小企业为主），提供基础的资本市场服务。但因其只在北京"中关村"和上海"张江"两个园区进行了初步探索，因而并没有得到快速的推广，造成了其缺乏足够的活力和吸引力，影响了其功能的充分发挥，也影响到了整个多层级资本市场的高效运行。虽然我国有大量的产权交易中心和股权交易所，但由于存在利益冲突和监管矛盾等，这些市场并没有得到很好的发展，在规模和功能发挥上都很有限。另外，由于各地的条块分割，要在此基础上建设全国统一的场外交易市场，也是一件非常困难的事情。但是，在中国，随着资本市场的快速发展，很多高新技术企业的股票融资需求不能很好地满足，这也使建立全国性的场外交易市场成为必然。

4. 资本市场体系中债券市场一直存在"跛足"局面

目前，我国证券市场中股票、债券比例严重失衡，出现了"跛足"现象。从目前的情况来看，企业信用债券的结余不足 A 股市场价值的 25%。目前，我国国债和金融债等利率型产品仍然占据着主导地位，企业信用债券的比重仅占全部债券的 20%。在企业信用债券方面，交易所市场的发展相对落后，当前银行间市场的存管规模只有 97%，两个市场之间的联系还不够紧密。目前，我国债券市场存在"跛足"状况，尤其是企业债券市场发展明显滞后，这不仅影响了资本市场的健康发展，还阻碍了战略性新兴行业企业获取优质的债券融资渠道，阻碍了企业债券市场的发展。

三、与新兴产业特征契合的风险投资的经典功能发生偏离

以风险投资为代表的股权投资，是将技术创新与金融资本联系起来的一个关键环节，可以有效地减轻新兴行业的资金压力。相较于其他金融产品，以风险投资为主的股权投资，投资周期相对较长，关注被投资企业的成长性和自主创新性，多数都是活跃在产业前沿，并热衷于对高成长性的新兴产业领域进行投资。特别是那些"经典"创投基因，往往都是在创新企业发展的种子期、初创期和成长期进行投资的。它们的筹款对象多是一些有恒心的投资人，创投基金本身就有创业经验，可以通过导师、策略指导、经验交流等方式来扶持自己所投资的公司，这是一种长线投资。以创新为驱动的战略性新兴产业，以"投资 + 孵育"为特色，兼具"筛选培育"和"风险管理"等典型职能的风险资本，是战略性新兴行业发展初期最适宜的融资对象。并且，它们之间有一种共生性关系。《2006—2020 年中国科技发展战略纲要》及其相关政策均将中国创业资本列为促进自主创新的主要政策手段。

实证研究发现，在我国，创业资本的"短视"行为仍然比较普遍，创业资本倾向于处于扩张期和成熟期企业，导致后期投资过度集中，而前期则呈现资金不

足的情况。风险投资的这一"急功近利"行为和私募资金"Pre-IPO"（上市前投资）的大规模投机性行为，背离了其"孵蛋成小鸡，育小鸡成大鸡"的典型功能，与美国等发达国家的典型风投对新兴技术企业的偏爱有很大差异。我国风险资本偏爱处于成熟期的企业，其原因主要在于，风险资本大多属于政府机构的附属性组织，产权缺失，缺乏能够驾驭风险的专业人才，社会信用秩序较为混乱，退出渠道不畅通。这样的逆向选择导致了我国的风险投资倾向于一般的商业投资，削弱了其对战略性新兴产业的筛选、培育、长期投资的典型功能，这无疑不利于培育和壮大刚刚起步的战略性新兴产业。

第七章

构建战略性新兴产业发展的金融支持体系的对策建议

第一节　优化推动战略性新兴产业发展的融资环境

一、宏观经济环境

宏观经济环境是指在新战略背景下的融资背景大环境，每一个国家的经济发展的情况都会对战略性新兴产业的融资产生重要的影响。首先，对金融市场的发展产生直接影响；其次，影响融资主体的心理预期；最后，影响企业的生产经营和融资成本。数据表明我国经济发展较为稳健，到 2020 年，全国 GDP 总量突破 100 万亿元大关，同比增长 2.3%。按季度来看，2020 年一季度比上年同期下滑 6.8 个百分点，二季度上升 3.2%，三季度上升 4.9%，四季度上升 6.5 个百分点。按行业划分，第一产业增加值为 77754 亿元，同比增长 3%；第二产业增加值超过 384255 亿元，增长 2.6%；而第三产业的增加值，则达到了 553977 亿元，增长 2.1%。我国的经济总量已经达到了 100 万亿元的水平，人均国内生产总值已经连续两年突破了 1 万美元。我国在世界银行的话语权进一步提升，投票权上升到世界第三位。2020 年，我国经济在新冠疫情后呈现较快发展，全国各行业经济都在平稳增长，农业生产形势良好，外贸等指标增长势头强劲，市场物价过快上涨的势头得到遏制，但经济发展中不平衡、不协调的矛盾和问题仍然存在。

美国在 2020 年二季度的 GDP 较上年同期下降了 31.4%，是历史上最大的季度下降。同期美国的 GDP 环比增长率为 5%。2020 年欧元区 GDP 较上一年减少 6.8%，达历史最大降幅。欧盟整体经济同期缩水 6.4%。2020 年第四季度，欧元区经济较第三季度仅下滑 0.7%，降幅低于此前经济学家普遍预测，2020 年第四季度日本实际 CDP 环比增长 3.0%，按年率计算增幅为 12.7%。2021 年数据显示，我国居民消费价格同比下降 0.2%。其中，城市下降幅度比农村多 0.1 个百分点；食品价格下降幅度和非食品价格下降幅度相同，都是 0.2 个百分点；消费品价格也呈现下降趋势，比服务价格下降幅度高 0.2 个百分点，服务价格下降幅度是 0.1 个百分点。1—2 月平均，全国居民消费价格比上年同期下降 0.3%。2 月，全国居民消费价格环比上涨 0.6%。其中，城市上涨幅度高于农村 0.2 个百分点；食品价格和非食品价格都上涨，其中食品价格上涨的幅度为 1.6%，非食品价格上涨 0.4%；消费品价格上涨 0.7%，服务价格上涨 0.4%。美国 2020 年 12 月消费者价格指数环比上涨 0.4%。2020 年 10 月日本全国居民消费价格指数（即 CPI，生鲜食品除外）为 101.3，较上年同月下跌 0.7%，跌幅达到发生东日本大地震的 2011 年 3 月（下跌 0.7%）以来高位。由此可以看出，中国经济发展仍较为平稳。新增市场主体恢复快速增长，创造了大量就业岗位。城镇新增就业 1186 万人，2020 年末全国城镇调查失业率降到 5.2%。国际劳工部的数据显示，2021 年美国失业率为 6.3%，环比下降 0.4 个百分点，这和美国控制疫情不力有关，大量贫困人口失业甚至因病死亡，市场复苏需要新的经济增长点刺激。国家统计局统计，我国 2020 年房地产开发投资 14.14 万亿元，增长 7%；2021 年 2 月 28 日，国民经济和社会发展统计公报显示，固定资产投资方面，全年全社会固定资产投资 527270 亿元，比上年增长 2.7%。其中，固定资产投资（不含农户）518907 亿元，增长 2.9%。

中国经济进入新常态的主要特征体现在经济的高速增长回归理性转向中高速。为使我国经济能够平稳健康发展，应该对目前经济发展中凸显的问题和逐一清理解决隐患，并对经济发展进行分析预测，及早发现问题，未雨绸缪，更好地为我国战略性新兴产业融资提供良好的内外部环境。

首先，经济学中常把投资、消费、出口视为拉动经济增长的"三驾马车"，因此，应当着重优化国内投资环境，正确引导外资进入我国的新兴发展企业，促进我国实体经济良性快速发展；通过财税政策刺激国内经济的增长，扩大内需，推动居民储蓄转化为投资和消费；建立健全社会保障体系，提高就业率，推动医疗制度改革．注重民生问题。此次宏观调控中的"定向降准"也向中小微企业和农业进行了倾斜，体现出政府对于农业和实体经济的高度重视，指明了发展的方向。

其次，积极推动经济发展方式转型，改造传统的"粗放型"经济增长模式，重点培育和发展新兴产业和节能环保产业，加快培育高新技术产业的自主创新能力，提高中小企业的核心竞争力。减税、免税、三免三减半、即征即退、即征即返等是国家财政支持战略性新兴产业的重要措施。但是，从我国目前的支持体系来看，战略性新兴产业的税负减免政策比较笼统和分散，构不成体系，国家没有很好地区分战略性新兴产业和高新产业，有很多战略性新兴产业的税收优惠都是按照高新技术产业的优惠政策来执行的。因而，急需制定针对战略性新兴企业的专项税收优惠政策，这也是"十四五"要解决的重点问题。许多发达国家通过政府贴息的方式扶持战略性新兴产业，这也是我国需要借鉴的。除了政府采购，政府贴息也是政府扶持产业发展的重要手段。目前，我国对于战略性新兴产业的政府采购已经开始进行，但是力度和规模尚有一定的提升空间。

二、金融市场环境

金融市场环境是我国战略性新兴产业最直接的外部融资环境，对产业融资有着十分重要的影响。良好的金融市场环境，有利于保持融资体系的平稳运行和持续发展，有利于给企业提供方便、快捷、高效的融资环境。

我国金融市场发展势头良好，规模增长较快，为我国战略性新兴产业的融资提供了较多的便利，但是，由于我国金融市场起步较晚，在很多方面仍然存在不足之处。为我国战略性新兴产业打造良好的融资环境，应当从以下几方面着手。

首先，优化我国金融市场结构，其包括六方面内容：一是要保持整体的市场规模，使其更好地为实体经济服务；二是市场结构的不断优化，使其适应经济发展的各个时期的需要，并与实体经济形成良好的互动；三是金融资源分布多样化、多元化和分散化；四是利率汇率等核心金融参数主要由市场决定；五是进一步扩大了市场的开放程度，可以与世界各地的市场接轨；六是金融监管的各项配套措施相互配合，促进了金融的发展，深化了金融的创新，拓宽了金融监管的领域。

其次，进一步扩大直接融资比例，通过证券市场的多层次发展，提升资本市场在产业结构调整和经济发展转型方面的促进作用。三板市场（主板市场、中小板和创业板）融资规模进一步扩大，除了国债融资，大力发展企业债、公司债等多渠道融资。对于银行间接融资，应当首先解决战略性新兴产业和银行之间的信息不对称问题，建立健全银企之间的信息交流平台，并且借鉴日本的经验，使银行与战略性新兴产业建立长期合作关系。银行不仅给企业提供融资，还成为企业的股东，可以对企业进行监管，进一步加强风险管理。

再次，我国金融市场的创新不足，影响了资源的优化配置和市场效率。因此，通过不断创新金融工具，强化金融创新的力度，发展适合我国金融市场实际情况的新型金融工具，在风险可控的情况下，大力发展多种类金融工具，拓展主体的选择。加强风险监管机制的配套建设，控制金融风险的发生。

当前，深圳证券交易所的交易类别还是以股票、债券和基金三大原生金融工具为主，对于创新型的金融工具，如期权、期货等涉及较少。而在上海证券交易所，除了股票、债券和基金，金融衍生工具领域已有所涉及，股票期权和权证交易已经开始进行，只是在规模和交易数量方面与股票、债券、基金类交易尚有差距。这与美国、英国、德国等发达国家的金融市场交易情况大相径庭。因此，要加大金融工具创新力度，借鉴发达国家金融市场发展经验，丰富我国实体经济融资工具类型。

最后，由于金融市场全球化，一国金融市场的风险已经能够快速延伸至周边国家和地区，而且引发金融风险的因素也日渐复杂。因此，跨部门、跨区域的监管协调和监管合作显得日趋重要。目前，要坚持以保持金融市场的稳定为目标，为金融创新创造一个与金融市场发展迅速相适应的环境；要加强对信用评级机构等中介机构的监管，提高信用评级机构的透明度和评级水平，为提供金融衍生品的公允价格创造条件。

三、政策法规环境

在战略性新兴产业融资机制的建设中，政府部门的作用非常重要，大型资金的投资方向都要由政府出台各种政策法规来引导，如图 7-1 所示。为了使投融资双方能信息互通，必须建立信息服务平台，出台战略性新兴产业融资机制的法律法规来保障投融资双方的利益，进一步确定各融资主体行为、操作流程，规避融资带来的纠纷，使我国战略性新兴产业的融资过程有法可依。

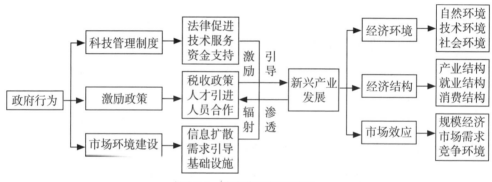

图 7-1　政府作用机制模型

搭建一个良好的融资外部环境需要我国政府建立政策性强、针对性强的法律法规体系，这对我国战略性新兴产业的融资是非常重要的，这种法律体系的建立会影响到战略性新兴产业的融资结构、融资行为和融资效率。健全的法律、法规体系对于优化战略性新兴产业的融资结构、规范融资行为、提高融资效率具有十分重要的意义，是解决战略性新兴产业融资痛点的重要保证。该法律体系应主要包括以下几个方面。

一是健全专利法、商标法、著作权法等知识产权和技术转移等方面的法律法规，打击一切侵害知识产权的行为，使知识产权受到法律保护，鼓励科技创新和知识进步。二是保护融资主体的利益并优化资金的配置。三是建立完善的法律框架（企业和个人、政府、金融机构、金融中介）。四是从担保、保险、期货、银行、证券、票据法、证券、票据法等方面，制定相应的法律制度，以保证战略性新兴行业的有效融资。我国应尽早出台创业投资法律法规，以规范创业投资活动，保障创业投资主体的合法权益。对养老基金、保险基金等投资基金，可以在立法上降低有关限制，为战略性新兴产业提供更加匹配的多元化资金来源。

第二节　构建支持战略性新兴产业金融发展的融资平台

一、信息整合平台

信息沟通的不畅是我国战略性新兴产业进一步发展的瓶颈，在我国战略性新兴产业的融资过程中，经常会出现信息不对称的问题。因此，政府除了建立严格的信息披露制度，还应建立一个为之服务的、便捷的信息服务体系，整合在融资过程中需要掌握的相关信息，借助发达的大数据技术、通信技术、网络信息技术，对与战略性新兴产业相关的国内外最新技术成果、市场行情等信息进行收集，对国家融资政策、融资程序以及投资预测等与融资相关的信息进行深入了解，对缺乏资金的战略性新兴企业进行详细的披露，从而达到融资主体供需双方的信息透明和共享的目的。

战略性新兴行业信息化平台应具备以下四项基本特征。

一是对接性。平台应该把急需资金的新兴企业和可以提供资金的投资方信息显示出来，就像物流企业的运输方和业主，使投融资方在平台上找到经过规范审核的可合作的对方。

二是集成性。即此信息服务平台应该是整合了相关信息资源的集成平台，为战略性新兴产业融资提供可选择的信息。

三是快捷性。战略性新兴产业可以快速地通过该信息服务平台查询到所需信息，平台的用户界面友好，设计简单易查，大数据库智能化的搜索引擎减少用户搜寻信息的时间。

四是共享性。所有用户在该平台的查询是免费的，平台应按统一标准进行开发、建设，使各个部门、行业、组织和个人之间实现信息的交互共享，以增强信息传递的有效性。

战略性新兴产业信息集成平台的特征，使其具备了强大的功能，具体来说，主要表现在以下四方面：

第一，信息发布和咨询功能，发布国家政策法规、行业新闻、融资信息、用户使用指南及范围，并有上传、下载等功能。咨询功能主要包括了政策法规、融资申请流程、融资主体情况、融资方案规划、审批进度等方面，还提供了在线咨询和邮件咨询等，为战略性新兴企业提供了咨询、专项申请、资产评估、会计和法律事务等多种专业服务。

第二，数据分析功能，对战略性新兴产业进行统计，归纳出用户需求的规律性与趋势，实时地反映产业发展情况，为企业融资提供数据支撑，并以文字、表格、图表等多种方式输出。

第三，信息查询功能，这是最基础的一个功能，它应当为使用者提供最便捷的查询方式和最完整的查询结果，从而最大限度地改善融资双方的信息不对称。

第四，实时监测功能，也就是实时地跟踪监测融资方的供需状况、融资过程和融资结果，同时还对各个企业的信用状况进行监测，让那些具有良好信用的企业更容易获得资金的支持。

二、融资渠道对接平台

融资渠道对接平台的建立主要是促进融资供求双方的有效沟通。这个平台应引入随时更新的优质的投资资源，并且与战略性新兴企业信息整合平台对接，提高平台运行效率。为帮助战略性新兴企业选择风险最小、收益最高的融资渠道，平台为企业提供专业服务，全面权衡各种因素为战略性新兴企业量体裁衣，制订个性化的融资方案。为降低企业搜索信息的成本，平台提供以下专业化的服务。

（一）分类检索投资伙伴

战略性新兴产业根据各自行业特点和需求，通过模糊的关键字匹配搜索融资方。找到感兴趣的投资者后点击链接，可以看到关于投资方的所有有价值的信息。例如，公司的近五年的主营业务、资产负债表、资产评估等基本信息。

很多战略性新兴产业不仅缺乏资金，还缺乏管理、技术和营销经验。高质量的投资者不仅会为融资方提供资金，还会为融资商提供先进的经营理念和管理经验。被审核后的平台会员，可以使用平台给予的权限，向平台询问更多的投资者信息，以便对投资方有更深入的了解。

（二）大数据挖掘项目收益率

战略性新兴企业利用融资平台只需很少的成本就可获得拟融资项目的行业投资月报、年报、投资趋势报告等详细信息。这些研究报告都是平台通过大数据挖掘技术进行推算、统计出来的，还有赖于专家的价格分析。通过对拟投资项目收益率的了解，战略性新兴企业能够分析现在行业的竞争情况，决定融资的项目，避免将有限的资金投入激烈的无利竞争之中。

（三）填写相关信息表

确定意向的战略性新兴企业在平台发布项目信息后，就要按照格式填写信息表，之后，平台系统会自动对这些信息进行分类，同时将本地区的环境配套、交通等合作方关注的信息与项目进行联系，从而增强了信息的针对性和实用性。同时，发布者也可以在这个平台上，直接与合作伙伴进行沟通。这类似于58同城创建的细分模式。

（四）网络洽谈室

为了使双方进一步开展合作，平台提供了网络洽谈室（一对一、多对多）。洽谈室能够自动记录每次的会议内容，并可打印成册。洽谈室还有预约功能，双方可以通过文本、语音、视频等多种媒介进行洽谈。在有了初步合作意向后，双方可通过平台联系实地考察。政府构建的平台有信誉保证，所以容易促成双方进一步的合作。

三、融资担保平台

战略性新兴产业大多是无形资产，不可以进入金融机构抵押，这对我国战略性新兴企业的融资形成了一定的制约，同时我国没有发达国家的比较成熟的担保体系，更是加剧了这一情况。

目前我国的担保公司主要分三类：第一类是纳入监管体系的融资性担保公司；第二类是非融资性担保公司；第三类则是以担保公司名义开展担保和非担保业务的中小型金融机构。由于融资担保业务具有高风险和高资本要求，所以，与其他非融资担保业务相比，金融机构对其监管更加严格。

北京市金融监管局发布《2020年地方金融监管机构数据》，公布了北京市辖区小贷公司、融资担保公司、区域性股权市场（四板）、典当行（典当行）、融资租赁（融资租赁）、商业保理（商业保理）、地方资产管理公司（地方AMC）、交易所（交易所）、农民专业合作社（农民专业合作社）等地方金融监管机构（地方金融监管机构）的最新资料。统计数据表明，到2020年12月底，北京市辖区的小额贷款公司总数为131家；比一年前多了一家。从月度的变动来看，北京地区的融资租赁企业规模是最大的，截至2020年12月底，共207家，与上个季度相比，减少了9家。从数字统计上看，我国的担保公司规模较小，远远达不到战略性新兴产业的总体需求。

国家应出台一系列的优惠措施来吸引金融机构、民间资本、风险资本建立信用担保公司，为资信状况良好、具有发展潜力的战略性新兴产业提供融资担保，促进战略性新兴产业的发展。

从法国、韩国、美国、日本等国的战略性新兴产业发展历程来看，政策性信用担保体系分为三类：第一类是美国专设小企业管理局的政府机构运行模式，为小型企业提供贷款保证；第二类是由日本的产业协会对中小企业的信贷担保，以及由日本公共公库（日本政府出资）对其融资担保进行再保险，从而使风险得以分散；第三类是法国、韩国委托担保机构进行基金运作的方式，这也为我国的养老基金、保险基金运作提供了方向。不管是哪种类型的担保方式，政策性信用担保体系在战略性企业的发展中都发挥了重要的作用，不仅增加了战略性新兴产业的融资机会，还增强了融资主体的信心。建立和完善战略性新兴产业的政策性信用担保体系加强了政府对于资金分配的引导。

四、融资专业服务平台

融资专业服务平台是促进我国战略性新兴产业融资有效性的服务平台，该平台在某种程度上会影响融资的效率和结果，因此，该平台的会员应是优质的专业咨询机构，建立完整的融资服务体系，为我国战略性新兴企业提供专业化的服务，帮助战略性新兴产业解决融资困难的问题。

在该平台的建立上，首先，要考虑的是融资专业服务平台的专业性。专业性的服务依赖于专家团队和各领域精英人才。在融资专业服务平台的建设中借鉴发达国家的经验，把对于人才的选择、录用，专家团队的打造和人力资源管理作为重中之重，提高服务的质量和水平，体现较强的专业性。

其次，融资专业服务平台的服务应当具有一定的广度和深度，能够为我国战略性新兴产业提供包括创业辅导、政策咨询、融资指导、企业信息化、财务管理、人力资源管理和法律咨询在内的多元化、全方位的服务，并且能够对企业的发展进行追踪，为提供后续服务打下基础。此外，融资专业服务平台应由融资咨询、融资方案策划与实施、法律服务、企业维权和企业财务管理四个模块构成。

融资咨询服务主要是帮助企业了解现有的融资政策导向和融资相关的信息，使企业明晰内外部融资环境，并根据企业的发展状况，提供最佳的融资建议和融资策略。并且，可以把成功融资的企业归类整理成经典案例，供有需要的企业查阅。另外，专家团队还可以帮助战略性新兴企业筛选融资供给方，帮助融资供给方从多个意向企业中圈定合适的目标企业。专业顾问团队还应当为企业提供融资方案的策划与实施的服务。在基于对融资环境等相关信息和企业自身财务状况的分析的基础上，为企业量身定制最佳的融资方案。一般而言，融资方案应当考虑融资条件、融资方式、合作期限及资金退出方式等。此外，还需要对企业融资进行包装，撰写标准的可行性报告，或者商业计划书，对于企业的发展目标、经营战略、项目发展前景、预期收益等进行完整而清晰的论述，突出项目的投资价值，深度剖析项目的优势。为投资者提供一份规范严谨的报告将大大提高融资成功的概率。

针对我国大多数战略性新兴产业内部没有专门法律部门的现实，设立法律服务与企业维权模块，为企业提供法律咨询与普及服务，及时解读国内外有关企业融资的法律法规，并与企业融资现状相联系，针对企业融资中出现的各种法律问题予以帮助，特别是在我国战略性新兴产业遭受融资侵权应时提供维权帮助。涉及跨国侵权时，企业进行维权的成本较高，难度较大。由平台派出法律专家提供维权咨询服务，或者直接代理被侵权方通过与国内外相关的组织机构进行交涉、协调，维护企业的正当权益。

再次，有相当一部分的战略性新兴产业并没有建立完善的财务制度，企业财务报表的编制不及时甚至缺失，部分企业的财务报表的编制还很不规范，这都给企业的资金运转和融资带来了诸多不便。因此，融资专业服务平台应当注重对于企业财务管理方面提供帮助，规范企业的财务管理制度，提高企业资金的利用率，为其融资打造一个良好的内部环境。

最后，融资专业服务平台在实践中应该不断进行更新和完善。在后续的发展中应针对不同需求推出新的服务功能，为我国战略性新兴企业的融资提供专业而有效的帮助。

第三节　拓建支持战略性新兴产业发展的融资体系

一、构建支持战略性新兴产业发展的资本市场直接融资体系

（一）总体思路

伴随着全球竞争日益激烈，国民经济要想更好地发展，战略性新兴产业的健康发展不可或缺，因而，如何搭建多层次的金融支持来助力战略性新兴产业的发展就成为支持新兴产业发展的重中之重。借鉴发达国家成熟的资本市场的经验并结合我国的发展现状，当前我国资本市场的构建应该注重以下几个方面。

首先，构建我国的"多层次"体系。资本市场的基本功能是调节社会资金的余缺、资源合理配置的有效场所，促进产业结构向高级化方向发展并促进社会经济的发展。有强大资金需求的一方是战略性新兴企业，而资本市场体系的发展是由企业融资的市场需求决定的。因此，我国资本市场的发展应当充分考虑战略性新兴企业的规模、成长阶段、阶段特性，多方联动，建立符合企业现状、推动企业发展的资本市场体系。

其次，注重各层次之间的衔接。虽然"多层次"的资本市场满足了不同条件的战略性新兴企业的融资需求，但是如果割裂了资本市场各层次之间的联系，也就是把战略性新兴企业的各发展阶段割裂开来，静态地看待融资问题，这不符合实际的要求。相比主板市场的高门槛，限制较少的新三板市场吸引了不少中小企业和投资者，但是在新三板市场"挂牌"，并不能解决战略性新兴企业资金短缺的问题，挂牌公司发生资金占用情形时大多没有审议及披露，监管缺乏导致资金占用违规事件增多，挂牌不能解决最根本的资金问题，应整合资本市场各层次之间的联系，动态解决融资问题。

再次，"多层次"的广义概念。"多层次"不仅指市场，还包括金融工具、审核制度和监管机制。对于不同行业、不同层次的战略性新兴企业，要创新金融工具，对其进行金融支持，同时需要多层次的审核制度进行配套，多层次的监管机制进行维护。

最后，完善"多层次"的资本市场要"以国情为主，以借鉴为辅"。不同于大部分发展中国家建立资本市场的过程，美国的资本市场的发展采用"由小而大"的递进方式，由小型地方市场整合至大型市场，直到证券交易所的成立，所用时间较长。而发展中国家的资本市场采用"由大至小"的方式，先建立证交所，然后建立创业板市场，所用时间较短。所以，我国"多层次"资本市场体系的构建不能盲目照搬发达国家的模式，应该选择性地借鉴，根据我国经济发展所处的环境，规范、科学地构建。

（二）总体框架

关于"多层次"资本市场的框架搭建，专家学者形成了两种观点：其一是"塔式"多层次资本市场。在该框架中，分为不同的资本层级，最顶端是主板市场，中间为二板市场、柜台交易市场、区域性的股票（证券）交易市场等层级市场。最底层受众面最宽，门槛最低；越往上，受众面缩小，门槛最高。其二是"组合式"多层次资本市场，包括"两大、一小和三板市场"架构模式，即上海证交所和香港联交所的两个大盘蓝筹股、一个深圳证交所的中小企业融资平台和三板市场。很多学者提出我国采取的资本市场模式不能照搬小国模式，而应是大国思维模式，即搭建金字塔形的多层次的资本市场，实现上交所和深交所战略分工。要让上海市场成为真正的蓝筹市场，就要有彻底的分工，但是要建立区域性的资本市场是不可能的，条件还不成熟，建立一个多元化的资本市场并不实际。

本书从五个方面对中国资本市场进行了分类。第一部分是由主板和中小板组成的一板市场，在这里上市的主要是大型成熟企业。第二部分是由创业板和科创板组成的二板市场，面向高成长性的高科技企业。第三部分是由创新创业型中小微企业组成的三板市场，也称为全国中小企业股份转让系统。第四部分是为特定区域内的企业提供股权、债券转让和融资服务的私募市场。第五部分是由天使投资、风险投资、股权众筹组成的场外交易市场。具体如图 7-2 所示。

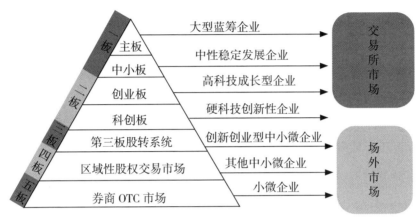

图 7-2　我国资本市场细分

虽然框架已具雏形，但由于我国资本市场起步较晚、市场激励不足，该框架存在很多不足的地方，结合我国产业发展不均衡、战略性新兴产业融资需求较大的现状，不能只限于专家们提出的"塔式"或者"组合式"框架，而应当注重多层次资本市场体系每个层次中"面、线、点"的构建与组合。

在五板细分市场中，由于战略性新兴产业的"新兴性"和"战略性"特征，建议在一板和二板资本市场中分别设立战略性新兴产业板块，并根据产业发展规律，设定入市标准、交易规则、转板流程和退市方式，使处于各发展阶段的新兴企业能够得到资本市场融资的便利。

（三）"多层次"资本市场的完善

1. 主板市场

国际政治经济环境的变化、全球产业链的重构、中国企业的国际化等，都是驱动企业变革的因素。数字化转型的课题，更是所有企业必须面对的挑战。新形势下的主板市场，处在规则改革的"明斯基时刻"。现阶段沪、深两市对处于成熟期的战略性新兴产业的融资还是十分严格，此阶段的新兴企业需要资金推动产业向规模化方向发展。因此，新形势下主板市场不仅要对战略性新兴产业进行技术创新的支持，还要对战略性新兴产业实现规模化效应的支持。

在资金筹集方面，中国主板的增发效率并不高，走完所有流程耗时较长。财务数据的恶化也将使增发计划面临许多疑问甚至被拒绝。从利益相关者的角度来看，中国的资本市场存在着严重的投机性，并且长期投资者相对较少。另外，由于企业治理方面的问题，许多企业虽然认识到了转型的重要性，但在实际操作中往往会出现一定的落后性。在企业集体转型的关键时刻，主板市场的既有规则，显然还不足以成为支持企业转型的理想土壤。在制度上的限制被历史问题扩大的情况下，转型变得极为迫切和必要。不过，也正因如此，才有理由把更高的期望放在和科创板同样重要的主板市场上。国内投资准入门槛和交易制度如表7-1所示。

表 7-1 国内投资准入门槛和交易制度

品种	准入资产门槛	是否 T+0	涨停跌板
主板、中小板	无	T+1	10%
创业板	10 万元	T+1	20%
科创板	50 万元	T+1	20%
沪深港通	50 万元	T+0	无
新三板精选层	100 万元	T+1	30%
新三板创新层	150 万元	T+1	− 50%，100%
新三板基础层	200 万元	T+1	− 50%，100%
可转债	无	T+0	无，有熔断机制
分级基金	30 万元	T+1	10%

2. 二板市场

在我国九大战略性新兴产业中，有许多细分产业，很多战略性企业处于发展的初期阶段，需要从二板市场进行融资。到目前为止，在深圳证券交易所主板和中小企业板中，此类公司共有 1468 家，在 A 股中所占比例为 35%，在创业板中所占比例为 29%，总市值 23.39 万亿元。二板市场和发达国家相比仍存在诸多问题需要解决。表 7-2 是部分国家和地区二板市场的概况。

表 7-2 部分国家和地区二板市场概况

	美国纳斯达克	英国 AIM	德国新市场	中国香港创业板
成立时间	1971	1996	1997	1999
组织方式	独立的场外市场，同时又分为全国市场和小型资本市场	附属于伦敦证券交易所，但有相对独立性	附属于德国证券交易所，但有相对独立性	附属于中国香港联合交易所，但有相对独立性
上市标准特点	有几个可选择的标准，只要满足其他规定条件，公司没有盈利和经营历史记录也可上市	没有制定最低的上市标准，没有上市的规模、盈利、经营年限以及最低公众持股量的要求	对盈利没有最低要求，公司营业记录必须有三年，股本必须达到一定要求	对盈利与资本没有最低要求，须有两年的活跃业务记录，公司市值达到一定要求
针对公司	中小公司	中小公司	具有高增长潜力，尤其是高科技领域的中小公司	具有高增长潜力的中小公司
监管	（1）季度披露；（2）活跃的做市商；（3）公司治理要求	（1）半年披露；（2）指定保荐人与经济人；（3）经营历史记录不满两年的，公司管理层股东有一年的售股限制	（1）季度披露；（2）必须有两名活跃的做市商	（1）季度披露；（2）推荐人要求；（3）公司治理要求；（4）对管理层股东及大股东分别有半年和一年的售股限制

3. 场外交易市场

我国场外交易市场起步较晚，市场运作模式单一，更没有形成规范的监管。因为场外交易市场的融资主体信息披露不完整，所以资本会通过融资信息平台等渠道，获得企业的详细信息，并且资本会选择自己熟悉的企业来进行投资。中国场外交易市场主要由四大板块构成，即区域性股权市场、券商柜台市场、机构间私募产品报价与服务系统、私募基金市场。在场外交易市场中交易的证券种类一般为未上市股票，由于他们不需要满足严格的上市要求，所以数量很大。相对于上市公司而言，场外市场交易所涉及的证券种类更为丰富和多样。

相关研究显示，我国场外交易市场参差不齐，建议在我国的中心城市建立区域性电子化的柜台交易市场，作为"多层次"资本市场的最低层级——初级市场，可以把一些资质好但无法上市的新兴企业推向这个初级市场进行融资，集中报价、统一算核、分散成交，挂牌公司股权可采用集中竞价、连续、拆细、标准化方式进行交易，并由政府出面建立监管中心来规范初级市场。

二、构建促进战略性新兴产业发展的银行间接融资体系

（一）由政府部门进行政策引导，创建银行和企业之间的融资信息平台

商业银行作为金融机构，它的投资、贷款等经营决策会受到国家政策的影响，没有国家政策对战略性新兴产业的强烈政策意见指导，商业银行不会冒风险去提供贷款。因此，银行的监管部门应当尽快出台对于战略性新兴产业融资的详细法规和方案，这样对于商业银行来说就有政策可依，并在后期实施中可以随着经济环境的变化不断修改完善，引导商业银行的资金科学有效地投入战略性新兴产业。

借鉴发达国家对于战略性新兴产业的产品商标、商誉、自主知识产权等无形资产可以评估抵押的做法，我国也应该立法或出台政策，引导商业银行设立专门的评估机构对新兴产业的这些无形资产进行评估，这样就可以缓解我国战略性新兴企业的担保资产缺乏的困境。在风险可控的前提下，也可以适当调高商业银行对战略性新兴企业贷款的准备金率。银行信用风险主要来源于三个方面：商业银行与借款企业之外的环境风险；银行作出信贷决策之前的逆向选择问题；银行作出信贷决策之后的道德风险问题。信息不对称是阻碍战略性新兴产业间接融资的重要因素，相关政府部门应当从全局出发，建立我国战略性新兴产业的信息披露机制。

就规避战略性新兴产业间接融资问题，可以从几个方面进行约束：一是从法律角度，应充分发挥法律的监督作用；二是从社会角度，应建立健全社会督促机制，提高借款人违约成本；三是从银行角度，降低贷款银行信息搜索成本并建立合理有效的内部信用评级制度。我国战略性新兴产业，也应该建立健全信息披露机制，主要包括建立银企之间的信息披露系统，银企之间融资的信息共享系统，银企之间的信息共享平台。同时，要对企业数量、规模、产能周期、供给、需求进行定期分析披露，具体如表 7-3 所示。

表 7-3　企业存续期信息披露

序号	内容
PC-0	重要提示、目录及释义
PC-0-1	企业应承诺本报告不存在虚假记载，误导性陈述或重大遗漏，并对真实性、准确性、完整性承担法律责任
	报告盖章页：企业全称，公章及披露时间
PC-0-2	目录：标明各章、节的标题及对应的页码
PC-0-3	释义(如有)：对可能造成投资者理解障碍及有特定含义的名称缩写、专有名词等做出解释，应当在目录次页排印
PC-1	第一章：报告期内企业主要情况
PC-1-1	企业基本情况、联系方式： (1) 公司的中文名称及简称，外文名称及缩写(如有)； (2) 公司注册资本、法定代表人、注册地址、办公地址及邮政编码、公司网址、电子信箱； (3) 债务融资工具相关业务联系人及联系地址、电话、传真电子信箱
PC-1-2	募集资金使用情况，公司应按债项逐一披露以下募集资金使用情况： (1) 募集总金额、已使用金额、未使用金额； (2) 已使用资金的用途，用途是否已变更，变更情况是否已披露，变更后用途是否符合国家法律法规及政策要求
PC-2	第二章：财务报告 本章按照交易商协会《关于执行国家关于会计师事务所从事证券期货业务政策过渡期安排的公告》有关要求，并参照《非金融企业债务融资工具注册文件表格体系》中 C 表(财务报告信息披露表)填报

最后，应当鼓励民间资本、风险资本、外资银行支持战略性新兴产业的发展。一些发达国家的战略性新兴产业发展较为成熟，外资银行对于新兴产业的支持也形成了一整套相对完整的支持体系，例如，欧洲复兴银行（European Reserve Bank）已向吉尔吉斯斯坦发放了 2 千万美元贷款，以支持中小型企业发展。

（二）建立评级授信制度，建立长期合作关系

战略性新兴产业与银行之间的网络信息共享平台建立完善后，商业银行会按照一定的评级标准与含义对企业进行评级打分（见表 7-4），之后根据企业信用等级的状况实行差别化的融资政策。

表 7-4　信用等级设计表及含义

级位	计分标准		级别含义
次序	下限	上限	
AAA	90	100	资信很好，支付能力强，风险极小
AA	80	89	资信良好，有较强的支付能力，风险基本无
A	70	79	资信较好，有一定支付能力，风险较低
BBB	60	69	资信一般，基本具备支付能力，稍有风险
BB	50	59	资信欠佳，支付能力不稳定，有一定风险
B	40	49	资信较差，支付困难，有很大风险
CCC	30	39	资信很差，支付很困难，可能违约
CC	20	29	资信太差，偿债能力差
C	0	19	资信极差，完全丧失支付能力

商业银行对于产品技术成熟、初具产业规模、产学研链条已形成的企业会给予比较高的信用等级，并对这样的企业进行金融支持。但是授信评级之后发放贷款并不等于一切都结束，贷后管理的效率和效果还取决于贷款的结构安排。贷后管理必须在贷前或贷中做出相应的安排，银行还要主动设置风险预警触发和监控机制，有助于及早捕捉前瞻性风险预警信号，并远优于被动监察所能获取的滞后性风险预警信号。能否把风险管理内嵌到产品服务中，不仅是银行授信方式、方法有别于其他市场参与者的关键，也是商业银行在授信业务中的比较竞争优势的体现。

（三）创新金融工具，拓宽融资渠道

我国战略性新兴产业的发展特点要求商业银行的金融工具应有所创新，融资渠道更加多样。我国并没有对战略性新兴产业和其他产业进行细分和研究各自的特点，还是按照常规模式进行审核并发放贷款，但是高风险高成长的新兴企业并没有更多的符合银行要求的抵押产品，对其提供的专利、版权、商标权等无形资产无法进行评估定价，所以现在商业银行最急切的任务，就是要针对新兴产业的特征，在有效控制风险的基础上，对动产质押融资制度进行完善，并对产业集群内的企业进行联保联贷等信贷方式进行探索，以扩大质押融资的范围。

要区分一般商业银行与投资银行对战略性新兴企业的资金配置，具体如表

7-5 所示。大力发展投资银行对新兴产业的投资力度，"多层次"支持发展战略性新兴产业。在对传统的融资渠道进行改进的同时，还应该结合战略性新兴产业的实际情况和特征，积极拓展外部融资渠道，强化与政府有关部门、民间资本投资公司、小额贷款公司、保险公司、担保公司和各类股权投资机构之间的合作关系，探讨构建多种形式的合作联盟，探索并构建新的盈利模式。

表 7-5　商业银行与投资银行比较

	商业银行体系	投资银行体系
资源配置	以银行为主体的机构主导	市场化主体
定价机制	不完全市场化定价	市场化定价
风险管理	风险主要汇聚在商业银行体系	风险由市场化主体共同承担
发展空间	受制于商业银行的资产	受制于金融市场的广度和深度

（四）改进信贷管理办法，构建风险管理机制

在我国，信用体系不够完善，企业、个人会因其短期行为而违约，致使金融市场存在巨大的风险。战略性新兴产业就属于高风险性的新兴产业，所以，商业银行尤其要注意对战略性新兴产业融资的风险管理。主要从风险预测、风险规避两方面着手。

首先，商业银行在招聘人才的时候要适量招聘一些新兴行业的专才，由这样的专业人才对战略性新兴企业的现状、趋势进行全方位的风险预测，引入一些国外的适合我国国情的先进评估方法，对战略性新兴产业的融资风险进行动态管理和科学分类，在风险形成初期进行融资的风险预测，再根据预测结果及时调整融资模式和融资决策。

其次，商业银行要通过多种手段规避战略性新兴产业融资风险。这种风险规避可以从三个方面入手：一是风险预测前置，通过授信评级对较高风险企业和较低信用等级企业拒绝发放贷款，提前控制风险；二是以多家联合贷款（银保、银政等）的方式把风险尽可能多地分散到更多行为主体上，减少银行风险承担权重；三是利用信息共享平台，充分了解贷款行业的发展状况，完善授信额度测算方式，并能合理预测企业的资金需求量，避免过度融资造成的资源浪费。

参考文献

[1] 白恩来.战略性新兴产业发展的政策支持 [M].北京：经济管理出版社，2020.

[2] 顾乃华.战略性新兴产业发展研究 [M].广州：暨南大学出版社，2022.

[3] 何文韬.战略性新兴产业动态演进研究 [M].北京：中国社会科学出版社，2019.

[4] 胡吉亚.科技金融支持战略性新兴产业发展 [M].北京：社会科学文献出版社，2023.

[5] 黄伟.战略性新兴产业通识 [M].北京：机械工业出版社，2020.

[6] 黄先海，宋学印，杨高举，等.中国战略性新兴产业发展 机制、路径与政策 [M].杭州：浙江大学出版社，2016.

[7] 江静，陈柳，王宇，等.战略性新兴产业发展及扶持政策绩效评估 [M].北京：经济科学出版社，2022.

[8] 李云鹤.动态公司治理与战略性新兴产业企业研发创新 [M].上海：上海交通大学出版社，2022.

[9] 马传慧.战略性新兴产业信贷配置研究 [M].北京：经济科学出版社，2021.

[10] 牟绍波.开放式创新环境下战略性新兴产业创新能力研究 [M].北京：科学出版社，2019.

[11] 钱燕.风险投资对战略性新兴产业发展的影响研究 [M].北京：经济科学出版社，2023.

[12] 王建民，王欢，杨木春.战略性新兴产业技术创新主体胜任力研究：以新一代信息技术产业和生物农业产业为例 [M].北京：中国经济出版社，2020.

[13] 王伊攀.战略性新兴产业政府补贴：政策设计与企业反馈 [M].北京：中国经济出版社，2019.

[14] 吴海燕 . 战略性新兴产业金融支持研究 [M]. 北京：中国商业出版社，2022.

[15] 许登峰，甘玲云 . 西部民族地区战略性新兴产业协同创新研究 [M]. 北京：中国科学技术出版社，2020.

[16] 薛澜 . 战略性新兴产业：政策与治理创新研究 [M]. 北京：科学出版社，2019.

[17] 张冀新 . 战略性新兴产业：创新效能与成长模式 [M]. 北京：经济科学出版社，2022.

[18] 张敬文，黄山，徐莉 . 战略性新兴产业集群协同创新发生机理研究 [M]. 北京：经济管理出版社，2022.

[19] 周茜 . 中国环境规制与战略性新兴产业创新研究 [M]. 北京：方志出版社，2020.

[20] 周士元 . 战略性新兴产业集聚、新型城镇化与金融集聚耦合协调研究 [M]. 北京：中国经济出版社，2019.

[21] 陈秀珍 . 战略性新兴产业的发展条件 [M]. 北京：中国经济出版社，2013.

[22] 陈一鸣，魏倩男，廖芝，等 . 我国战略性新兴产业基地的培育机制研究 [M]. 北京：中国经济出版社，2017.

[23] 付广军 . 税收与战略性新兴产业 [M]. 北京：中国市场出版社，2011.

[24] 甘绍宁 . 战略性新兴产业专利技术动向研究 [M]. 北京：知识产权出版社，2013.

[25] 韩秀成，袁有楼，周莳文 . 战略性新兴产业专利联盟构建的理论与实践 [M]. 北京：知识产权出版社，2016.

[26] 荆浩 . 基于商业模式创新的战略性新兴产业发展研究 [M]. 沈阳：东北大学出版社，2016.

[27] 李叶飞 . 中国战略性新兴产业发展模式、选择标准和发展战略研究 [M]. 北京：中国经济出版社，2017.

[28] 刘淼 . 创新与融合财税金融政策支持战略性新兴产业发展的选择 [M]. 北京：中国经济出版社，2013.

[29] 马军伟 . 战略性新兴产业发展的金融支持及其效率研究 [M]. 武汉：湖北人民出版社，2016.

[30] 田娟娟，李强 . 战略性新兴产业融资的效率与风险研究 [M]. 沈阳:东北财经大学出版社，2017.

[31] 王永顺，沈炯，等.战略性新兴产业——成长、结构和对策[M].南京：东南大学出版社，2012.

[32] 王勇.战略性新兴产业简述[M].北京：世界图书出版公司，2010.

[33] 杨震宇，史占中.战略性新兴产业的发展绩效与路径研究[M].上海：上海交通大学出版社，2017.

[34] 张天维，姜岩，陈岩.战略性新兴产业的实证研究[M].沈阳：辽宁教育出版社，2015.

[35] 周戟.战略性新兴产业圆中国梦[M].上海：上海科学技术文献出版社，2014.

[36] 白京羽，林晓锋，尹政清.全球生物产业发展现状及政策启示[J].生物工程学报，2020，36（8）：8.

[37] 步晓宁.产业经济：战略性新兴产业的融资困境与担保体系重构[J].生物工程学校，2020，36（8）：1528-1535.

[38] 曹虹剑.中国战略性新兴产业组织创新：异质性与复杂性的视角[J].社会科学，2015（7）：60-67.

[39] 陈洋林，储德银，张长全.战略性新兴产业财政补贴的激励效应研究[J].财经论丛，2019（5）：9.

[40] 储德银，纪凡，杨珊.财政补贴、税收优惠与战略性新兴产业专利产出[J].税务研究，2017（4）：99-104.

[41] 狄蓉.金融供给侧改革视角下地方战略性新兴产业融资问题研究[J].甘肃农业，2020（3）：4.

[42] 郭江江.战略性新兴产业发展新趋势新特点[J].浙江经济，2020（12）：7.

[43] 郭天娇，邹国庆.战略性新兴产业开放式创新模式与对策研究[J].经济纵横，2020（3）：102-107.

[44] 胡明晖.从《科学技术基本计划》看日本科技发展战略[J].科学管理研究，2012，30（2）：116-120.

[45] 胡续楠.中国新材料产业集约化发展研究[D].长春：吉林大学，2019.

[46] 黄先海，党博远，宋安安，等.新发展格局下数字化驱动中国战略性新兴产业高质量发展研究[J].经济学家，2023（1）：10.

[47] 黄先海，张胜利.中国战略性新兴产业的发展路径选择：大国市场诱致[J].中国工业

经济，2019（11）：19.

[48] 靳光辉，刘志远，花贵如 . 政策不确定性与企业投资——基于战略性新兴产业的实证研究 [J]. 管理评论，2016，28（9）：3-16.

[49] 李佳洺，张培媛、孙家慧，等 . 中国战略性新兴产业的空间集聚、产业网络及其相互作用 [J]. 热带地理，2023，43（4）：11.

[50] 刘雯 . 我国战略性新兴产业发展中的金融支持研究 [J]. 大众投资指南，2020（1）：2.

[51] 刘晓龙，葛琴，崔磊磊，等 . 新时期我国战略性新兴产业发展宏观研究 [J]. 中国工程科学，2020，22（2）：9-14.

[52] 吕静韦 . 战略性新兴产业动力机制 : 调节效应的发挥 [J]. 科研管理，2020，41（6）：9.

[53] 马春晓 . 我国战略性新兴产业技术创新效率及其影响因素研究 [D]. 济南:山东财经大学，2021.

[54] 南晓莉，韩秋 . 战略性新兴产业政策不确定性对研发投资的影响 [J]. 科学学研究，2019，37（2）：13.

[55] 邵云飞，穆荣平、李刚磊 . 我国战略性新兴产业创新能力评价及政策研究 [J]. 科技进步与对策，2020，37（2）：8.

[56] 宋歌 . 以创新驱动战略性新兴产业发展的路径与对策研究 [J]. 中国科技产业，2022,（9）：57-59.

[57] 孙雅丽 . 战略性新兴产业财务金融支持刍议 [J]. 会计师，2019（7）：3.

[58] 王蕙 . 新时期金融支持战略性新兴产业发展困境及对策——基于政府推动视角 [J]. 理论探讨，2019（5）：123-128.

[59] 闫俊周，杨祎 . 中国战略性新兴产业供给侧创新效率研究 [J]. 科研管理，2019，40（4）：10.

[60] 张冀新，王怡晖 . 创新型产业集群中的战略性新兴产业技术效率 [J]. 科学学研究，2019，37（8）：9.

[61] 赵红 . 金融创新支持战略性新兴产业发展的对策 [J]. 经济研究参考，2014（6）：19-21.

[62] 朱平平 . 浅谈战略性新兴产业发展的金融支持对策 [J]. 经济与社会发展研究，2020（10）：1.